하와이 연가

SONGS OF LOVE
FROM HAWAI'I

드라마 같은 역사, 공연 같은 영화
아무도 몰랐고, 아무도 알고자 하지 않았던 121년 전 우리들의 이야기

음악으로 바치는 사랑의 헌사

인간은 얼마나 외로울 수 있을까?
외로운 현실을 이진영만큼 순도 높게 이겨가고 있는 감독도 없을 것이다.
그가 말하고 싶은 것은 아름다움 속에 숨은
인간의 아픔이다. 그리고 극복이다. 극복 그 이후다.
영상 깊은 곳에 아픔을 치유해 주는 외로움의 순도는 서늘하다.

김용택(시인)

한국인이 사랑하는 방식, 느끼는 방식,
그리고 고통을 견디는 방식이 음악과 어우러져 깊은 감동을 자아낸다.

우리에게 이 영화는 진정한 선물이다.

해리 김(미주 최초 한국계 시장 역임)

역사와 음악이 절묘하게 어우러진 환상곡. 이진영 감독은 20세기 초
하와이에 도착한 한국인 이민자들의 여정을 기리는 세 개의 서로
다른 이야기를 리처드 용재 오닐, 김지연, 하와이 기타리스트 케올라
비머 같은 저명한 뮤지션의 아름다운 연주로 엮어냈다. 제목이 말하듯
〈하와이 연가〉는 더 나은 삶과 기회를 찾아 떠났던 개척자들에게
음악으로 바치는 아름다운 헌사다.

공영방송 PBS Hawai'i

How lonely can one be?
No filmmaker faces loneliness
with the purity of Jinyoung Lee.

He reveals the pain beneath beauty—
overcoming, and what comes after.

In her film,
loneliness quietly heals,
its purity, cool and deep.

Kim Yong-taek(poet)

The director masterfully captures the essence of our
people—our love, our emotions, and how we endure pain.
The music and stories are woven together so beautifully,
it deeply touched me. This film is truly a gift.

Harry Kim(former mayor of Big Island)

Songs of Love from Hawai'i is a captivating reverie of music and
history. Filmmaker Jinyoung Lee weaves together three distinct
stories that combine firsthand accounts of those early immigrants
with virtuosic musical performances from renowned string players
Richard Yongjae O'Neill, Chee-Yun, Ignace Jang and Hawai'i
entertainer/composer Keola Beamer. As the title suggests, the
film is a love song performed as a heartfelt tribute to those early
pioneers who left home in search of opportunity.

PBS Hawai'i

한 편의 시를 본 것 같기도 하고,
음악회에 다녀온 것 같기도 하고,
동화책을 읽은 것 같기도 합니다.

차인표(작가, 배우)

〈하와이 연가〉는 건조한 역사를 놀라울 정도로
아름답게 담아낸 작품이다. 철저한 고증과 실화에 기반한
감동적인 스토리를 통해 우리 모두는 역사에 빚을 지고
있음을, 뒤에 올 이들에게 우리 또한 더 나은 세상을 물려줘야
할 책임이 있음을 부드럽게 속삭여준다.

큰별쌤 최태성(역사 커뮤니케이터, 방송인)

〈하와이 연가〉를 세 번 봤는데, 볼 때마다 느낌이 달랐습니다. 영화는
역사적 사료, 음악, 인터뷰, 애니메이션까지 동원해 과거와 현재를
연결하며, 우리에게 잊혀가는 이민자들의 이야기를 제발 잊지 말라고
외칩니다. 〈하와이 연가〉는 모든 한국인, 특히 우리 청소년들이 꼭 봐야
할 영화입니다. 우리 정체성과 공동체 의식을 일깨워주신 감독님께
이 자리를 빌려 다시 한번 감사의 말씀을 전합니다.

원용석(유튜브 '원용석의 진실정치' 진행자, 전 라디오 코리아 보도국장)

영화가 시작된 순간부터 마지막 크레딧이 사라질 때까지
잠시도 눈을 뗄 수 없었다.

음악, 의미, 그리고 하와이를 수려하게 그려낸 명작.

에드워드 슐츠(역사학자, 하와이대 태평양 아시아학 명예교수)

It feels as if I've seen a poem, attended a concert,
or read a fairy tale.

Cha In-Pyo(Writer, Actor)

Songs of Love from Hawai'i is a testament to the artistry of
capturing history. Through a deeply researched and fact-based
emotional story, it gently whispers to us that we are all indebted
to history and that we also bear the responsibility to pass on a
better world to those who come after us.

Choi Tae-Sung(History Communicator)

I watched *Songs of Love from Hawai'i* three times, and each
viewing felt different. By incorporating historical materials, music,
interviews, and even animation, it connects the past with the
present, calling on us not to forget how our story started. This
film should be a must-watch for our youth. To the director, who
awakened our identity and sense of community, I extend my
heartfelt thanks once again.

Michael Won(Host of YouTube channel 'TruthPolitics')

Just beautiful from start to finish. One is left sort of speechless.
Such a masterful job of music, meaning, and Hawai'i.

Edward Shultz, School of Pacific and Asian Studies, University of Hawai'i at Manoa

하와이 연가

SONGS OF LOVE
FROM HAWAI'I

기획부터 개봉까지 3년 반의 제작노트

미지의 섬, 그곳에 우리가 있었다
1903년 하와이에 도착한 조선인 102명…
평범한 사람들이 이룬 위대한 사랑의 기록

목차 | Contents

다문화 어린이들이 한 자리에, 1940년 경
Multicultural Children gather together, circa 1940

Contents

미지의 섬에 도착한 조선인 102명…
아무도 궁금해하지 않았던 121년 전 우리의 이야기

그곳에 우리가 있었다

1902년 12월 22일, 바람이 세차게 부는 한겨울 밤.
인천 제물포항에 사람들이 모여들었다. 태평양 너머 저 멀리
'포와'라는 곳에 가면 돈도 많이 벌고 자식들을 학교에도 보낼
수 있다고 들었기 때문이다. 무리 속의 한 청년, 문정헌. 그 역
시 부푼 꿈을 안고 배에 올랐다. 121명의 조선인은 먼저 일본
나가사키항으로 갔다. 그곳에서 다시 집채만 한 이민선 갤릭호
로 갈아탔다. 배는 고향을 떠난 지 22일 만에 호놀룰루항 7번
선착장에 도착했다.
문정헌은 임시 숙소에 도착한 후에야 항해 내내 한시도 눈을
떼지 않던 보자기 꾸러미를 비로소 내려놓았다.
재봉틀이었다.
문정헌은 사탕수수 농장 노동 계약이 끝나자마자 자그마한 수
선점을 차렸고, 같은 건물 위층에서 그와 그의 아내는 아들을
낳아 키웠다. 그리고 그 아들의 아들은 장차 하와이, 나아가
미주 최초이자 유일한 한국인 대법원장이 되었다.

스물넷, 태평양의 외딴섬으로 이사 오면서 나는 사춘기 때 끝
난 줄 알았던 정체성에 대한 고민을 다시 시작했다. 이국땅에
서 이국의 언어를 쓰며 십 년 넘게 살아왔지만, 영혼은 여전히

The Legacy of Love started with 121 Ordinary People
Who Set Sail for an Unknown Land in 1902

Our Story

On the cold night of December 22, 1902, people gathered at Jemulpo Harbor in Incheon. They had heard that in Hawaiʻi, across the vast Pacific, they could earn good money and send their children to school. Among them was Moon Jeong-heon, who boarded the ship with dreams of a better future. The 121 Koreans first traveled to Nagasaki, Japan, before continuing on the immigration ship, the Gaelic. After 22 days, they arrived at Pier 7 in Honolulu.

Only after reaching his temporary lodgings did Moon Jeong-heon set down the bundle he had carefully carried—a sewing machine.

When his labor contract ended, Moon opened a small tailor shop. He and his wife raised their son in the apartment above, and that son later became the first and only Korean Chief Justice of the U.S. Supreme Court.

At 24, when I moved to a remote island, I found myself revisiting the identity crisis I thought I'd outgrown.

호놀룰루 애드버타이저,
2003년 1월 13일자

2003년, 하와이 최대 일간지는 하와이에서 널리
존경받아온 한국계 지도자 두 명을 1면에 나란히 소개했다.
미주 최초의 한국인 주대법원장 문대양, 그리고 미주 최초의
한국인 시장 해리 김이 그들로, 문 전 하와이주 대법원장은
첫 이민선 갤릭호에 타고 있던 이민자의 손자고 해리 김 전
빅아일랜드 시장은 '사진신부(224쪽)'의 아들이다.

MOON

Above a tailor's shop in Wahiawā,
children learn lessons about faith and community service

Top: Ronald Moon
is chief justice
of the Hawai'i
Supreme Court.

Left: Moon at age 1.

Below: His grand-
parents, with father
Duk, immigrated in
the early 1900s.

— Lee Cataluna

모국에 머물러 있었기에 나는 어디에 속하며 어떻게 살아야
하는가에 대한 의문이 그림자처럼 따라다녔다. 그러던 중 우
연히 알게 된 한인 이민사는 서른이 넘도록 개인적 안위만을
추구해 온 나의 내면에 큰 균열을 일으켰다.

우리나라 최초의 해외 이민 역사가 시작된 1902년부터 3년
후 을사늑약으로 공식 이민이 중단될 때까지, 문정헌을 포함
해 조선인 7천여 명이 하와이로 갔다. 이를 계기로 코리안 디
아스포라의 역사가 시작되었다. 하와이 한인 이민사 속 선조
들의 기개와 용기는 놀라웠다. 낯선 이국땅에서 꿋꿋하게 삶
을 개척해 나간 그들의 이야기는 나에게 새로운 빛을 비춰주
었다. 그 따스한 빛을 등불 삼아 조금씩 나의 자리를 찾아갈
수 있었다.

나의 첫 연출작 〈무지개 나라의 유산〉에 출연한 문대양 전 대
법원장은 이런 이야기를 했다.

"아버지는 늘 말씀하셨어요. '우리는 모두 지구라는 행성에 세
들어 살고 있으니 어떤 식으로든 그 대가를 치러야 한다고요'.

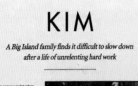

Top: Harry Kim, mayor of the Big Island, is one of the first elected Korean American officials in the United States.

Left: Kim's 1956 Hilo High School yearbook photo.

'Koreans in Hawai'i, 100 years of Dreams, Accomplishments' Honolulu Advertiser, January 13, 2003

In 2003, Hawai'i's largest daily newspaper featured two prominent Korean-American leaders: Ronald Dae-yang Moon, the U.S.'s first Korean-American Chief Justice, and Harry Kim, the U.S.'s first Korean-American mayor.
Moon is the grandson of Moon Jeong-heon, a passenger on the first immigrant ship, the Gallic, and Kim is the son of a 'photo bride'(page 224).

Though I'd lived abroad for over a decade, my soul remained tied to my homeland, leaving me in a state of imbalance. It was during this time that I stumbled upon the history of Korean immigration—a discovery that deeply shook the comfort I had found within the familiar bounds of my homeland.

From 1902 to 1905, around 7,000 Koreans, including Moon Jeong-heon, immigrated to Hawai'i, marking the beginning of the Korean diaspora. Their courage and resilience in a foreign land were truly remarkable. Their stories opened a new path for me, helping me find my place in the world.

My debut film, *Words of Wisdom from the Rainbow States*, delves into our ancestors' factual history, while *Songs of Love from Hawai'i* is a heartfelt tribute to them. Writing this book has been a pleasure, allowing me to include the stories that didn't make it into the film.

어려움에 처한 이웃을 돕건 노숙자를 위해 봉사하건, 어떻게든 자신이 속한 사회에 보탬이 되어야 한다는 말씀이었지요."

1903년 한 무리의 조선인이 우리에게 건네고자 했던 메시지를 찾아가 보려 한다. 〈무지개 나라의 유산〉이 우리 선조들의 이야기를 찾는 여정이라면 이번 〈하와이 연가〉는 비로소 알게 된 그들의 사랑에 바치는 우리의 헌사이기를 소망한다. 지금의 우리를 있게 한 역사를 만든 사람들, 그리고 그 역사를 소중하게 기억하고 기록하려는 사람들의 이야기다.

좋은 이야기에는 힘이 있음을 믿는다. 부족하고 두서없지만 문대양 대법원장이 말했던 '지구에 진 빚'을 갚고 싶은 마음으로 시작한 이야기가 당신이 걷는 길에도 작은 힘과 용기가 될 수 있다면 더 바랄 것이 없겠다.

121년 전, 그들이 역사의 첫발을 내디딘
호놀룰루 7번 항을 바라보며

이진영

It celebrates both those who shaped our history and those who continue to cherish and preserve it.

Former Chief Justice Ronald Moon once said:
"My father always said that we must repay the debt for occupying space on earth, whether by helping neighbors or contributing to society."

As an independent filmmaker, I believe in the power of storytelling. Though my work is imperfect, it aims to repay the 'debt' Justice Moon spoke of. If it offers you even a small measure of strength and courage, I could ask for nothing more.

Gazing at Pier 7 in Honolulu, where they
first stepped into history 121 years ago,

Jinyoung Lee

한옥이

SONGS OF LOVE FRO

1부 **꿈**
Dream

하와이 연가

SONGS OF LOVE FROM HAWAI'I

제목: 하와이 연가 Songs of Love from Hawai'i

감독: 이진영

출연: 예수정, 리처드 용재 오닐, 케올라 비머, 김지연, 이그나스 장 외

제작: 나우 프로덕션 필름

배급: CGV ICECON, 나우 프로덕션 필름

러닝타임: 62분

관람등급: 전체관람가

개봉: 2024년 10월 30일

월드 프리미어: 제43회 하와이국제영화제

장르: 장편 음악 영화

공식 홈페이지: www.theRainbowWords.com

Title: Songs of Love from Hawai'i

Director: Jinyoung Lee

Featuring: Ye Su-Jeong, Richard Yongjae O'Neill, Keola Beamer, Kim Chee-Yun, Ignace Jang, and others

Production: Now Production Films

Distribution: CGV ICECON, Now Production Films

Runtime: 62 minutes

Rating: General Audience (G)

Release Date: October 30, 2024

World Premiere: The 43rd Hawai'i International Film Festival

www.theRainbowWords.com

로그라인	리처드 용재 오닐, 김지연, 케올라 비머 등 세계적인 음악가들이 하와이에 모인 이유는? 121년 코리안 디아스포라 속 선조들의 사랑을 아름다운 음악으로 이야기한다.
기획의도	하와이는 이국의 여행지일 뿐 아니라 유구한 우리 이민 역사를 품고 있는 곳이기도 하다. 하와이 올 로케이션 4K 촬영, 최고의 음향, 귀한 아카이브 자료, 세계적인 뮤지션의 음악을 통해 어려운 시절을 살아낸 앞 세대를 기리고, 현세대를 위로하며, 다가올 미래 평화와 화합을 꿈꾼다. 아무도 몰랐고 아무도 알려 하지 않았던 121년 전 우리들의 이야기가 광활한 하와이 풍광을 배경으로 아름다운 음악과 함께 펼쳐진다.
Logline	Embark on a captivating 62-minute musical journey weaving three compelling stories from Hawaiʻi's Korean diaspora with performances by remarkable musicians.
Purpose of the Project	Hawaiʻi is often known as a honeymoon destination, but it is also a place steeped in our rich history. Through the universal language of music, we aim to convey the deep love of our ancestors that is embedded in Hawaiʻi. By capturing stunning 4K footage on location in Hawaiʻi, using top-notch sound technology, rare archival materials, and performances by world-class musicians, we honor the generations that endured hardships, comfort the present generation, and dream of peace and harmony.

20세기 초까지 조선의 경제는 농업에 의존하고 있었는데, 극심한 가뭄과 같은 자연재해가 빈번하게 발생하면서 농민의 생활 수준은 비참할 정도로 열악해졌다. 특히 1901년과 1902년 사이 관서 평안도 일대에서 발생한 가뭄과 홍수로 상황이 악화되어 농민은 더 이상 생계를 유지할 수 없었다. 이로 인해 많은 농민이 새로운 삶을 찾아 만주와 연해주로 떠나기 시작했다. 반면, 하와이는 설탕 산업의 호황과 파인애플 농장 확장으로 일손이 부족해 외국에서 값싼 노동력을 수입하기 시작했다. 이에 당시 대한제국에 머물고 있던 미국 공사 앨런 호러스는 한국인의 미국 이민을 적극적으로 주선했고, 대한제국 정부도 농민의 삶이 극도로 어려워지자 이민 정책을 고려하기 시작했다. 이러한 정치적, 경제적 배경 속에서 조선인 102명은 1902년 제물포항을 떠나 하와이로 향했다. 대한제국의 첫 공식 이민단이었다.

고시
대미국 하와이 정부의 명령을 받아 공포함.

1. 하와이 군도로 누구든지 일신 혹은 가족을 데리고 와서 자리잡고 살고자하여 간절히 원하는 자에게 편리케 주선함을 공급하노라.

2. 기후는 온화하여 매우 심한 더위와 추움이 없으므로 각인의 기질에 합당함.

3. 학교 설립법이 광대하여 모든 섬에 다 학교가 있어 영문을 가르치며 학비를 받지 아니함.

4. 공부(학문이나 기술 등을 배우고 익힘)를 위하여는 매년이나 절기든지 직업 얻기가 용이한데 신체가 건강하고 품행이 단정한 사람은 한결 같이하고 장구한 직업을 얻기 더욱 무난하고 법률의 제반 보호를 받게 함.

5. 월급은 미국 금전으로 매삭(10일마다) 15원(일본 금화 30원, 우리 돈으로 57원 가량)씩이요, 일하는 시간은 매일 10시 동안이고 일요일에는 휴식함.

6. 공부의 유숙하는 집과 나무와 식수와 병을 치료하는 경비는 고용하는 주인이 지불하고 공부에게는 받지 아니함.

7. 대한제국에 이 고시를 공포하는 권을 줌.

호놀룰루 1903년 3월 6일,
대미국 영지( ) 하와이 이민 감독 겸 망고대리 사무관 벤슨.

By the early 20th century, Korea's economy was largely agricultural, but frequent natural disasters, like severe droughts, had led to extreme poverty among farmers. The devastating famine from droughts and floods in the Gwanseo Pyeongan province between 1901 and 1902 forced many farmers to seek new lives elsewhere.

During this time, Hawai'i's booming sugar and pineapple industries created a strong demand for labor. The U.S. Consul in Korea, Allen Horace, facilitated Korean immigration, and the Korean government began considering policies to address the plight of its farmers. In this context, 121 Koreans departed from Jemulpo Harbor in 1902, marking Korea's first official immigration to Hawai'i.

이진영

Jinyoung Lee

〈하와이 연가〉(2024, 장편 음악 영화) 각본, 제작, 연출
· 제43회 하와이국제영화제 공식 초청
· 제20회 제천국제음악영화제 공식 초청

〈무지개 나라의 유산〉(2021, 6부작 다큐멘터리 연작)
· 각본, 제작, 연출
· 제41회 하와이국제영화제 공식 초청
· 스톡홀름시티영화제 공식 초청
· 리버티국제영화제 개막작 선정
· 덴마크국제여성영화제 공식 초청
· 제9회 가톨릭영화제 공식 초청

· 2003년 이화여대 언론정보학/영상학과 졸업
· 2004년 하와이 이주
· 2005-2020 하와이 지역 신문사, 방송국에서 기자,
 앵커로 활동
· 2012년 1인 영화사 '나우 프로덕션 필름' 설립
· 2015 재외동포문학상 우수상 수상
· 2021 리버티국제영화제, 타고르국제영화제 신인감독
 상 수상

Songs of Love from Hawai'i (2024, Musical Drama Film)
· Official Invitation to the 43rd Hawai'i International Film Festival
· Official Invitation to the 20th Jecheon International Music &
 Film Festival

**Words of Wisdom from the Rainbow State (2021, 6 part
documentary series)**
· Official Invitation to the 41st Hawai'i International Film Festival,
 Stockholm City Film Festival, Denmark International Women's
 Film Festival, the 9th Catholic Film Festival, and others.
· Selected as the opening film for the Liberty International Film
 Festival.
· 2003 Bachelor's degree in journalism from Ewha Womans
 University
· 2004 Moved to Hawai'i
· 2005-2020 Worked as a journalist for local newspapers and
 broadcast stations in Hawai'i.
· 2012 Established independent film production studio "Now
 Production Film"
· 2015 Excellence Prize, Overseas Koreans Literature Award
· 2021 Best New Director Award at the Liberty International Film
 Festival
· 2021 Emerging Filmmaker Award at the Tagore International
 Film Festival

예수정, 2편 '임옥순' 역
Ye, Su-Jeong

· 영화 〈신과 함께〉〈도둑들〉〈부산행〉, 드라마 〈마에스트라〉〈비밀의 숲〉, 연극 〈세일즈맨의 죽음〉〈고트〉 등 장르를 가리지 않고 많은 작품에서 존재감을 빛내 온 대한민국 여배우
· 제22회 부천국제판타스틱영화제 여우주연상 수상
· 제27회 이해랑연극상 수상
· 제32회 올해의 최우수예술가상 연극 부문 수상

· An actress who has shone in numerous works across various genres, including films like Along with the Gods, The Thieves, and Train to Busan, dramas such as Maestra and Secret Forest, and theater productions like Death of a Salesman and Goat
· 22nd Bucheon International Fantastic Film Festival: Best Actress
· 27th Lee Hae-rang Theater Awards
· 32nd Best Artist of the Year: Theater

리처드 용재 오닐, 2편 비올라 연주
Richard Yongjae O'Neill

· 줄리어드 음악원 석사
· 그래미상, 에이버리 피셔 커리어 그랜트 수상
· 미국에 입양된 한국인 어머니와 아일랜드계 조부모 사이에서 자람

· Master's degree from Juilliard School
· Recipient of Grammy Award and Avery Fisher Career Grant
· Raised by a Korean mother adopted in the U.S. and Irish grandparents

김지연, 3편 바이올린 연주
Kim, Chee-Yun

· 13세때 유학으로 도미
· 세계적인 한국인 바이올리니스트
· 1984년 뉴욕필하모닉과 협연
· 1990년 한국인 최초 에이버리 피셔 커리어 그랜트상 수상

· World-renowned Korean violinist
· Performed with the New York Philharmonic in 1984
· First Korean recipient of the Avery Fisher Career
  Grant in 1990
Born in Korea and moved to the U.S. at the age of 13

케올라 비머, 3편 기타 연주 및 노래
Keola Beamer

· 하와이안 슬랙키 기타리스트이자 가수
· 17장의 CD를 발매한 하와이 음악계의 전설
· 영화 〈디센던츠〉 등 다수 영화 음악 참여

· Hawaiian slack key guitarist and singer
· Considered a Hawaiian legend in the music industry
  with 17 CDs released
· Featured on many films including the Descendants

이그나스 장, 1 & 3편 바이올린 연주
Ignace Jang

· 하와이 심포니 오케스트라 악장
· 인디애나 음대 아티스트 학위 취득, 미국, 유럽, 아시아 등지에서
  유명 오케스트라와 협연
· 프랑스 태생 미주 한인 2세

· Hawai'i Symphony Orchestra Concertmaster
· International Violin Competition Prize Winner. Performed
  with renowned orchestras in the U.S., Europe, and Asia
· Korean-American Violinist, born in France

파벨 누코브스키 1 & 2편 촬영 감독
Pawel Nuckowski

· 십여 년 전 폴란드에서 하와이로 이민
· 하와이의 유명 뮤지션 대니 카니엘라의 일대기를 다룬 영화
  〈Kaniela'〉 외 다수의 영화 연출, 촬영으로 여러 국제 영화제 초청
· 하와이 로컬 텔레비전 쇼 〈Cool for Kapuna〉 전 시즌 제작

· Filmed and directed by Kaniela, about Hawaiian musician Danny
  Kaniela, received invitations to numerous international film
  festivals.
· Produced all seasons of the local TV show Cool for Kapuna

맷 야마시타, 3편 촬영 감독
Matt Yamashita

· 하와이 몰로카이섬 최초의 전문 영화인
· 〈The New environmentalists series〉 각본, 연출로 에미상 수상
· 미 공영방송 PBS, 프랑스 방송 Arte France를 통해 다수의 작품 방영

· First professional filmmaker on Molokai Island, Hawai'i
· Emmy Award winner for writing and directing The New
  Environmentalists series
· Works broadcast on PBS and Arte France

음악 영화의
탄생

첫 영화 〈무지개 나라의 유산〉은 초기 이민자들의 삶에 대한 구술 기록을 바탕으로 한다. 인터뷰 대상은 초기 이민자들, 즉 최초의 이민이 시작된 1902년부터 이민이 중단된 1905년 사이 하와이에 온 이들의 직계 후손으로 한정했다. 1902년부터 3년간 한국에서 약 7천 명이 하와이로 오는데, 이들의 삶을 기억하는 후손들은 현재 대부분 고령이다. 더 늦기 전에 직계 후손이 전하는 조부모와 부모의 이야기를 통해 이민 초기의 삶을 살펴보고 그들이 남긴 정신적 유산을 찾는 게 기획 의도였다.

당시엔 〈무지개 나라의 유산〉을 잘 만드는 게 목표였을 뿐 다른 영화를 또 만드는 건 생각도 못했다. 그런데 후손들과 이야기를 나누고 그들이 보여준 낡은 흑백사진과 사료를 들여다볼수록 점점 더 이민 역사에 매료되었다. 왜 지금껏 세상에 나오지 않았을까 싶은 사진과 글 자료가 적지 않았다. 어느덧 나는 새로운 영화를 상상하고 기획하고 있었다.

다음 작품에서는 더 아름다운 방식으로 더 많은 사람과 우리 역사를 이야기해야지. 이민 역사의 아프고 힘든 면 말고, 아름답고 따뜻한 면을 진솔하게 이야기해 보자. 가슴속에 차곡차곡 쌓여가던 그 꿈을 실현하기 위해 기획안을 쓰고 또 썼다. 제작 지원 공모에 지원하는 족족 떨어져 그만 포기해야 하나 할 무렵, 꿈을 이루어줄 강력한 무기를 생각해냈다.

그건 바로 '음악'이었다.

훌륭한 뮤지션들이 가슴으로 연주하는 우리 음악이 이민 선조들의 땀이 서린 하와이의 대지와 태평양에 가득 울려 퍼지는 모습은 상상만 해도 좋았다.

아홉 살 때 처음 첼로를 잡았고, 십 년 넘게 콩쿠르와 오케스트라 활동을 했지만 재능과 노력 모두 부족해 첼리스트의 꿈을 접었다. 하지만 그 경험 덕분에 음악이 내 삶에서 얼마나 중요한지, 그리고 음악의 힘이 얼마나 대단한지를 깨달았다. 여러 악기의 특징을 알게 되었고 음정도 구분할 수 있으니, 자, 이제 새로운 이야기의 그림이 그려진다. 그로부터 1년 간 여러 제작지원 공모를 두드린 결과, 운 좋게 몇몇 제작 지원 공모에 선정되었다.

나의 두 번째 이야기는 121년 전 하와이로 떠났던 이들에게 '음악으로 바치는 헌사'가 될 것이다.

그래서 제목은 〈하와이 연가〉
하와이에서 부르는 사랑의 노래, 戀歌.

The Birth of a Musical Drama Film

My first directorial work, *Words of Wisdom from the Rainbow State*, is an oral history capturing the lives of early Korean immigrants to Hawai'i, focusing on the descendants of those who arrived between 1902 and 1905. Through interviews and historical photos, I aimed to preserve the stories and spiritual legacy of these pioneers before their memories faded.

Initially, completing *Words of Wisdom from the Rainbow State* was my sole focus—I couldn't even imagine making another film. But as I delved deeper into the archives and listened to the descendants, I became captivated by the rich history of immigration.

I spent countless hours at the Hawai'i State Archives, sifting through century-old documents and photographs, uncovering fascinating materials that seemed untouched by time. It was then that I found myself imagining a new film.

In my next project, I wanted to tell another story from our history, but in a more beautiful way, and to share it with a wider audience. The painful aspects of immigration history have been extensively covered. I wanted to capture the lesser-known, beautiful, and warm moments in a straightforward, unembellished manner. And I found the perfect tool for this vision: music.

At nine years old, I first picked up the cello and spent over a decade studying through competitions and orchestral activities to become a cellist. However, due to a lack of talent and effort, I had to abandon that dream. Yet, that experience allowed me to realize how important music is in my life and the incredible power of music. I also learned about the characteristics of various instruments and developed the ability to distinguish pitches. Now, a new story is being painted.

My second story will be a "musical tribute" to those who left for Hawai'i 121 years ago.

So, the title is *Songs of Love from Hawai'i*—a song with love sung in Hawai'i, 戀歌.

This marks a new beginning.

[제작노트 #1] 2021년 5월 3일

〈하와이 연가〉를 시작하며

종종 한인 이민사에 대한 영화를 만들게 된 계기가 있느냐는 질문을 받는다. 방송 기자로 일하던 시절 '김창원'이라는 인물과 대담을 한 적이 있다. 하와이 한인 사회에서 가장 존경받는 어른으로 꼽히던 그는 하와이의 한 건축회사 말단 사원으로 입사해 회장직에 올랐고, 미주 한인 최초로 주립대 이사장을 지냈으며 하와이 최초의 한인 은행을 설립했다. 인터뷰를 마치며 김 이사장에게 내심 궁금했던 것을 물었다. 월급 사장이던 그로 하여금 평생 그토록 많은 기부 활동을 이어가게 한 동력이 무엇인지. 그때 그가 특유의 온화한 미소를 띤 채 답을 하던 모습을 나는 바로 어제 일처럼 기억하고 있다.

"성인이 되고부터 일흔 넘은 지금까지 나는 단 하루도 우리 이민 선조들이 하와이에서 흘린 피와 땀을 잊은 적이 없어요. 하루 열 시간씩 일하면서도 고국에 독립운동 자금을 보낸 그분들의 마음을 말입니다. 지금 우리가 누리는 이 안락한 삶은 우리 선조들의 희생 없이는 불가능했어요. 그러니 다음 세대를 위해, 우리 젊은 친구들이 살아갈 세상을 위해 내가 가진 것을 나누는 것은 어른 된 도리이자 책임이지요."
김창원 이사장은 하와이 이민 1세대와 동시대를 살았다. 김 이사장의 아버지는 초기 이민선에 타고 있었고, 사탕수수 농장에서 일했던 선조들은 김 이사장의 이웃 할아버지, 할머니였다. 김 이사장뿐 아니라 나 역시 역사에 진 빚이 있고 갚아야 할 책임이 있다는 사실을 그때 처음 깨달았다.
인터뷰를 마치고 집으로 돌아오는 길, '우리는 잊어서는 안 될

Beginning Songs of Love from Hawai'i

I am often asked how I came to make films about Korean immigration history. It all started during my time as a broadcast journalist when I interviewed Chairman Kim Chang-won, a highly respected figure in the Korean community of Hawai'i. He had worked his way up from an entry-level position at a local construction company to becoming the chairman and was the first Korean American to serve as a board member at the state university. He also established the first Korean bank in Hawai'i. After the interview, I asked him what had driven him to dedicate so much of his life to philanthropy. I still remember his response vividly, with his characteristic gentle smile.

"From the time I became an adult until now, in my 70s, I've never forgotten the blood and sweat of our immigrant ancestors in Hawai'i. Even while working ten hours a day, they still sent money to support the independence movement back in Korea. The comfort we enjoy today would not be possible without their sacrifices. So, sharing what I have for the next generation, for the world our young people will live in, is my duty and responsibility as an elder."

Chairman Kim had lived through the same era as the

사랑을 받았어요'라는 김 이사장의 말이 귓가에 맴돌았다. 그
럼 나는 무엇을 할 수 있을까. 김 이사장님 같은 능력도 재력
도 없지만 그분들의 기록을 정직하게 남기는 건 할 수 있을 것
이다.

나는 책이건 영상이건 어떤 방식으로든, 언젠가 반드시 우리
선조들의 이야기를 기록하리라 마음먹었다. 십여 년간 하와
이에 살면서도 알지 못했고 알려 하지 않았던 우리의 역사를,
잊혀서는 안 될 선조들의 목소리를 정리해 많은 이들과 나누
는 것이야말로 내가 할 수 있는 일이고 김 이사장이 언급한 후
손의 도리라 믿었다. 자못 결연한 의지를 다지며 하와이의 파
란 하늘을 올려다보는데 가슴 저 깊은 곳에서 뜨거운 무언가
가 차오르는 느낌이 들었다. 살면서 처음 경험하는 복잡한 감
정이었다.

그리고 그로부터 2년 후, 좌충우돌 끝에 6부작 연작 다큐멘터
리 〈무지개 나라의 유산〉이 세상에 나왔다. 우리 역사를 정성
껏 기록하고 싶다는 개인적인 바람으로 시작한 프로젝트인데
결과적으로 여러 영화제를 통해 세계의 관객을 만나는 과분한
경험으로 이어졌다. 그리고 영화가 나온 지 일 년도 되지 않은
지금 나는 이미 다음 영화 〈하와이 연가〉를 기획하고 있다. 첫
영화를 제작하며 수많은 실패와 좌절을 거듭했음에도, 그래
서 설렘보다는 두려움이 앞서는데도 새 영화를 시작하려는 것
은, 우리 이민 선조들의 이야기를 통해 깨달았기 때문이다. 실

first generation of Korean immigrants. His father had been on one of the early immigrant ships, and his neighbors were the very grandparents who worked on the sugar plantations. It was then that I realized I, too, had a debt to history, a responsibility to repay.

On my way home, Chairman Kim's words echoed in my ears: "We have received love that must never be forgotten."

What could I do? I didn't have his resources or abilities, but I knew I could preserve their stories. I decided, no matter what, that I would one day document the voices of our ancestors, whether in a book or on film. Even after living in Hawai'i for over a decade, I had never known or sought to know our history. But I believed it was my duty as a descendant to preserve the voices of our ancestors, just as Chairman Kim had said. As I looked up at Hawai'i's blue sky, a deep, intense emotion welled up inside me—something I had never felt before.

Two years later, after much trial and error, my six-part documentary series *Words of Wisdom from the Rainbow State* was born. What began as a personal project to

패의 가능성을 두고도 믿는 바를 향해 정진하는 삶의 찬란함
을… 사랑과 슬픔이, 충만함과 결핍이, 희망과 절망이 교차되
는 어느 지점에서 맺어지는 값진 열매를… 그것이 얼마나 소
중하고 아름다운지를.

이민 선조들의 지혜를 복원하려는 노력은 미래를 비추는 일이
라 믿는다. 자라나는 우리 아이들에게, 잠시 길을 잃은 젊은이
들에게 위로와 응원의 메시지가 되리라 믿는다. 당신은 뼈를
깎는 고통 속에서도 꿋꿋하게 일상을 영위하고 미래를 꿈꾼
위대한 선조의 후손이라고, 넓고도 깊은 사랑을 이렇게나 많
이 받은 소중한 존재라고, 그러니 어떤 고통의 순간에도 실망
은 할지라도 끝내 좌절하지는 말라고, 토닥이고 일으켜 세워
주리라 믿는다. 그렇게 언젠가는 자신만의 길을 찾아갈 수 있
으리라 믿는다. 나 또한 그랬던 것처럼.

faithfully record our history turned into the humbling experience of sharing it with international audiences at film festivals.

Now, less than a year since the release of that film, I am already planning my next project, *Songs of Love from Hawai'i*. Despite all the setbacks and failures during my first film, and the fear that still outweighs the excitement, I feel compelled to continue. The stories of our immigrant ancestors have shown me the brilliance of persevering toward what you believe in, even in the face of failure. The precious fruit born at the intersection of love and sorrow, abundance and lack, hope and despair is something incredibly valuable and beautiful.

I believe that restoring the wisdom of our ancestors is a way to light the path forward. I hope it will serve as a message of comfort and encouragement to our children and to young people who have temporarily lost their way. You are the descendants of great ancestors who dreamed of the future even in the midst of unbearable pain. You are loved deeply, and though you may be disappointed at times, never let that turn into despair. You will eventually find your way, just as I did.

드라마 같은 역사, 공연 같은 영화

〈하와이 연가〉는 세 가지 이야기로 이루어진 옴니버스 영화다. 첫 번째 이야기에서는 121년 이민사의 주요 장면들을 망원경으로 보듯 조망하고, 두 번째와 세 번째 이야기에서는 이민사 속 한 남자와 여자의 삶의 여정을 돋보기로 보듯 따라가 본다. 마지막 타임라인에서는 121년 역사를 이룬 평범한 영웅들을 소개한다.

Drama-like History, Performance-like Film

Songs of Love from Hawai'i is a trilogy of stories. The first story offers a sweeping overview of 121 years of immigration history, as if seen from afar. The second and third stories bring the focus closer, following the personal journeys of a man and a woman within that history.

특급 컬래버레이션!
하와이에 그들이
모인 까닭은?

세계적인 바이올리니스트 김지연과 비올
리스트 리처드 용재 오닐, 하와이 심포니
오케스트라 악장 이그나스 장, 하와이의 살
아 있는 전설로 일컬어지는 기타리스트 케
올라 비머가 〈하와이 연가〉와 함께하기로
했을 때 연출자로서 내가 그들에게 요청한
건 단 한 가지였다. 음악으로 헌사를 쓴다
는 마음으로 연주해 달라는 것.

Epic Collaboration!
Why Did They Gather in Hawai'i?

When world-renowned violinist Chee-yun Kim, violist Richard Yongjae O'Neill, Hawai'i Symphony Orchestra concertmaster Ignace Jang, and guitarist Keola Beamer, who is considered a living legend in Hawai'i, agreed to collaborate on *Songs of Love from Hawai'i*, I, as the director, had only one request for them: to perform with the heart of composing a tribute through their music.

3

영화 속 나비 한 마리

초기 하와이 이민자 7천여 명 중 죽기 전에 다시 고국 땅을 밟은 이들이 얼마나 될까? 121년 전 제물포항을 떠나 하와이로 간 102명의 영혼을 '나비'라는 오브제에 담았다. 그들이 영화 속에서나마 태평양을 자유롭게 넘나들며 후세인 우리가 그들에게 바치는 이야기와 연주를 감상할 수 있기를 바랐다.

A Butterfly in the Film

Among the 7,000 early immigrants to Hawai'i, how many ever set foot on their homeland again before passing? We encapsulated the souls of 102 who departed from Jemulpo Harbor 121 years ago into the symbol of a butterfly. May our performance, crossing the Pacific in their stead, be a tribute to their journey, even if only on screen.

지금부터 우리는 그들이 남긴 사랑의 흔적을 찾아가보려 합니다
We embark on a journey to rediscover the traces of their love

영화 언어

〈하와이 연가〉의 주 언어는 영어와 한국어다. 한 화면에 두 가지 언어를 병기하면 화면당 글자 수가 많아 관객의 피로도가 높아진다. 각 컷의 적정 길이를 정하는 일도 글자 수가 많을수록 까다롭다. 그럼에도 두 가지 언어로 병기한 것은 역사 속 아름다운 우리의 이야기가 가능한 한 많은 이들에게 가 닿기를 바라서였다. 미국에 오래 살았어도 한국어가 편한 한국인 부모와 영어가 편한 자녀가 함께 즐기기를 바랐고, 한국에 살고 있지만 영어가 편한 필리핀 다문화 여성과 그녀의 한국인 남편이 함께 볼 수 있기를 바랐다. 〈하와이 연가〉가 하와이에서 상영될 날이 온다면 현지인은 영어로, 한국인 이민자 할아버지 할머니들은 모국어로 영화를 감상하실 수 있기를 바랐다.

'세상에 이보다 좋은 사람들은 없을 것 같구나.
풍요롭게 살지는 않지만 누구보다 넉넉하고 인심이 좋단다.
나는 그들이 참 좋아.'

데미안 신부가 벨기에의 형제에게 쓴 편지 가운데

'You could not wish for better people; (…)
they neither seek to amass riches, or live in luxury,
but are most hospitable. I like them immensely.'

Father Damien's letter to his brother in Belgium

Language of the Film

Songs of Love from Hawai'i is presented in both English and Korean to make the film accessible to a wider audience. While displaying both languages on screen can increase text and challenge shot timing, we wanted Korean-speaking parents and their English-preferring children to enjoy the film together. We also hoped to reach multicultural families, such as Filipina women in Korea and their Korean husbands. If the film is screened in Hawai'i, we hope both locals and Korean immigrant grandparents can appreciate it in their preferred languages.

아카이브 자료

인터뷰를 하며 만난 한인 후손의 가족 앨범은 그 자체로 역사의 귀한 산물이었다. 조선인의 하와이 이민 사료를 찾던 중 방문한 하와이 주립 기록원(Hawai'i State Archives) 또한 '보물 창고'였다. 'Korean'으로 분류된 상자를 찾다 보면 금세 하루가 갔다. 첫 이민선을 타고 하와이에 온 조선인 102명의 명단을 발견했을 때, 그들의 이름을 하나하나 짚어보며 120년의 시간차를 두고 가슴으로 교감했던 순간을 잊을 수 없다.

Archival Materials

The family album of a Korean descendant I interviewed was a precious artifact of history. While searching for records on Korean immigration, I visited the Hawai'i State Archives, a true 'treasure trove.' I'll never forget discovering the list of 102 Koreans on the first immigrant ship and feeling a deep connection as I traced their names, bridging 120 years of history.

향가이

SONGS OF LOVE FRO

2부 도전
Challenge

하와이 연가

SONGS OF LOVE
FROM HAWAI'I

첫 번째 이야기: 그들의 발자취

First Story: Their Footprints

1902년 12월 22일,
한국인 121명이 가슴에 큰 꿈을 품고 인천 제물포항에 모였습니다.
그들은 긴 항해를 시작했습니다.
22일 후,
그중 102명만이 하와이에 도착했고, 그들로 인해 미주 한인 디아스포라
역사가 시작됐습니다.
1903년부터 1905년까지 하와이에 온 이민자 7,415명.
할아버지에서 아버지로, 어머니에서 딸에게로…
지금부터 우리는 그들이 남긴 사랑의 흔적을 찾아가 보려 합니다.

테마: 121년 한인 이민 역사를 이룬 중대 사건 위주로 구성한 미니 다큐멘터리

연주: 이그나스 장(Ignace Jang, 하와이 심포니 오케스트라 악장)

연주곡: 희망가, 상록수, 봄이 오면

Theme: A mini-documentary focused on major events that shaped the 121-year history of Korean immigration.

Performance by: Ignace Jang (Concertmaster of Hawai'i Symphony Orchestra)

Music: Song of Hope, Evergreen Tree, When the Spring Comes

December 22, 1902.
121 Koreans, filled with dreams, gathered at Jemulpo Port, Incheon.
They set out on a long voyage.
22 days later,
Only 102 arrived in Hawai'i,
marking the start of the Korean American diaspora.
From 1903 to 1905,
7,415 Koreans left for Hawai'i.
From grandfather to father, and mother to daughter···
We embark on a journey to rediscover the traces of their love.

첫 번째 이야기:
그들의 발자취를
시작하며

성인이 될 때까지 역사를 인지하지 않고 살았다. 그런데 20대 초반, 하와이에 정착하고 기자로 일하면서 미주 최초의 한인 대법원장인 문대양, 미주 최초의 한인 시장인 해리 김 (Harry Kim)처럼 하와이 주류 사회에 이바지하고 있는 자랑스러운 한국계 인사들을 만나게 되었고, 그들의 시작에 1900년대 초반 제물포항을 떠나 하와이에 온 사탕수수 노동자와 사진신부가 있었다는 것을 알게 됐다.

우리나라 최초의 공식 이민자 102명. 정든 고향을 등지고 하와이에 온 그들은 고국을 뒤로하고 완전한 이민자로서 새로운 삶을 살았을까? 사료에 따르면 그들은 한순간도 고국을 잊은 적이 없었다. 사료 속 그들의 용기와 헌

신은 놀라웠다. 1903년부터 1905년까지 하와이에 온 초기 이민자들의 발자취를 따라가다 보니 우리는 그들이 남긴 사랑으로 지금을 살고 있음을 깨달았다. 사진 한 장 한 장 속에 담겨 있던 크고도 깊은 사랑을 나 아닌 많은 이들도 알고 느끼기를 바랐다. 그래서 탄생한 첫 영화 〈무지개 나라의 유산〉에서는 초기 이

민자들의 삶을 그들 자손의 입을 빌려 '기록'
하는 것에 중점을 두었다면, 〈하와이 연가〉를
통해서는 선조들의 이야기를 아름답게 담아
많은 이들과 나누고 싶었다. 특히 자라나는
미래 세대에게, 너희들은 이렇게나 큰 사랑을
받은 소중한 존재라고, 따뜻한 음악으로 다정
하게 들려주고 싶었다.

희망가
제레미 잉글스 작곡, 김지환 편곡

Song of Hope

Written by Hakcheon Lim,
composed by Jeremiah Ingalls,
rearranged by Jeehwan Kim.

Beginning the First Story: Their Footprints

I lived much of my life unaware of history until I moved to Hawai'i in my early twenties as a journalist. During this time, I met Korean Americans who contributed greatly to Hawaiian society, like Moon Dae-yang, the first Korean American Chief Justice in the U.S., and Harry Kim, the first Korean American mayor. I soon learned that their roots traced back to the early 1900s, when sugarcane workers and picture brides left Jemulpo Port in Korea to start new lives in Hawai'i.

The first 102 official immigrants from Korea—did they truly live new lives in Hawai'i after leaving their beloved homeland? Records show they never forgot their roots. Their courage and dedication, as documented in the archives, were astonishing. Following the footsteps of these early immigrants from 1903 to 1905, I realized that we live today with the love they left behind. I hoped many could feel the profound love captured in each photograph. That's why, in my first film, *Words of Wisdom from the Rainbow State*, I focused on documenting the lives of these immigrants through their descendants' voices. Now, with *Songs of Love from Hawai'i*, I aim to beautifully capture our ancestors' stories and share them widely through music, especially with the younger generation to remind them how precious and cherished they are.

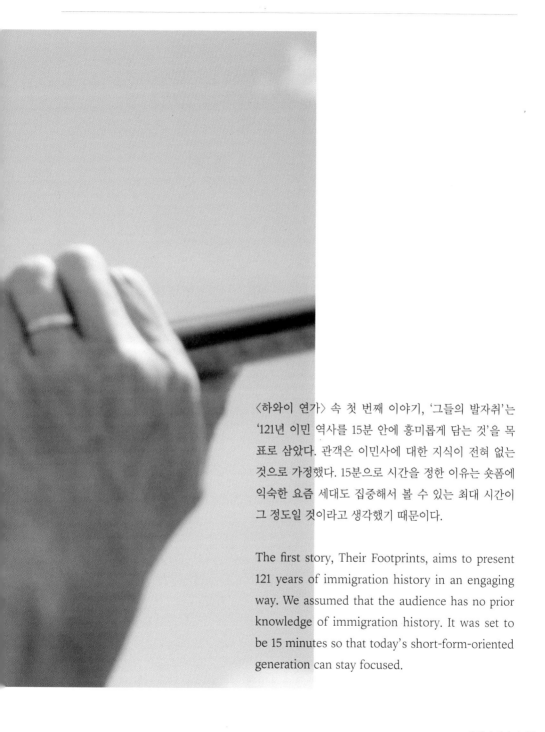

〈하와이 연가〉 속 첫 번째 이야기, '그들의 발자취'는 '121년 이민 역사를 15분 안에 흥미롭게 담는 것'을 목표로 삼았다. 관객은 이민사에 대한 지식이 전혀 없는 것으로 가정했다. 15분으로 시간을 정한 이유는 숏폼에 익숙한 요즘 세대도 집중해서 볼 수 있는 최대 시간이 그 정도일 것이라고 생각했기 때문이다.

The first story, Their Footprints, aims to present 121 years of immigration history in an engaging way. We assumed that the audience has no prior knowledge of immigration history. It was set to be 15 minutes so that today's short-form-oriented generation can stay focused.

장르: 음악 영화
⟨하와이 연가⟩

⟨하와이 연가⟩는 다큐멘터리도 아니고 극영화도 아니다. 음악이 있지만 대사는 따로 처리했으니 뮤지컬 영화로 볼 수도 없다. 새로운 장르를 개척했다는 평과 영화의 정체성이 모호하다는 평, IP 확장 가능성이 크다는 평과 영화의 문법을 거슬렀다는 평을 고루 듣는다. 전부 일리가 있다고 생각한다.

음악을 활용한 영화를 만들고 싶다는 아이디어를 구체적으로 다듬으면서 참고한 것은 영화보다는 오페라였다. 청각적 요소와 시각적 요소, 그리고 드라마 요소를 갖춘 종합 예술인 오페라를 스크린에 옮긴다는 생각으로 ⟨하와이 연가⟩의 그림을 그렸다. ⟨라 트라비아타⟩나 ⟨토스카⟩처럼 3막으로 구성된 오페라의 스토리 전개 방식이 121년 이민사와도 잘 맞아떨어졌다. 서곡(Overture)-1막-2막-3막 중, 서곡 부분에서 하와이로 떠난 조선인 102명의 이야기를 보여주고, 1~3막에서는 연주를 통해 이야기를 전개해나가기로 했다.

121년 이민사는 크게 세 개의 시대로 구분하고 각각의 시대를 대변하는 키워드를 정했다. 이민이 시작된 시기부터 광복 이후 이민이 재개될 때까지를 1기 '꿈', 아메리칸드림으로 이민 붐을 이루었던 시기를 2기 '도약', 그리고 미주 한인의 날이 제정된 2022년 이후를 3기 '평화와 화합'으로 잡았다. 음악을 더하면서 '1기, 2기, 3기'는 '1막, 2막, 3막'으로 옷을 갈아입었다.

Musical Drama Films

Songs of Love from Hawai'i is neither a documentary nor a feature film. While it includes music, the dialogue is handled separately. It has received mixed reviews—some praised its pioneering of a new genre, criticized its ambiguous identity, and noted its potential for intellectual property expansion—and I believe all these points are valid.

In refining my idea for a music-driven film, I found myself drawing more from opera than from traditional cinema. I envisioned *Songs of Love from Hawai'i* as a comprehensive art form that blends auditory and visual elements with dramatic components, much like opera. The three-act structure seen in operas like *La Traviata* and *Tosca* fit seamlessly with the 121-year history of immigration. I planned to present the story of the 102 Koreans who left for Hawai'i in the overture, using music to unfold their detailed stories throughout the three Acts.

The 121-year immigration history was divided into three periods, each defined by a keyword. 'Hope' for the start of immigration until it resumed after liberation, 'Growth' for the boom of immigration driven by the American Dream, and 'Peace and Harmony' for the period since the establishment of Korean American Day in 2022. With the addition of music, 'Period 1, Period 2, Period 3' evolved into 'Act 1, Act 2, Act 3.'

자료 조사

15분 안에 121년 이민사를 이야기하기 위해서는 한마디 말보다 많은 것을 보여주는 사진을, 그리고 한마디 말보다 많은 것을 이야기하는 음악을 선별해야 했다.

121년 이민사의 주요 사건을 갈무리하고 각 사건과 각 시대의 정신을 반영하는 좋은 사진 자료를 모으기 위해 이리저리 뛰어다녔다. 인터넷이 만물의 보고라고 하지만 적어도 하와이에서만은 직접 가서 일일이 자료 더미를 뒤져야 찾을 수 있는 자료가 많기 때문에 각 대

학 도서관과 박물관, 하와이대학교 한국학 센터, 하와이 주립 기록원 같은 기관을 방문해 도움을 얻었다. 하와이 최대 박물관인 비숍 뮤지엄에는 귀한 자료가 많았지만, 자료 사용료가 비싼 편이라 다른 데서 찾을 수 없거나 영화에 꼭 필요하다고 판단되는 사진만 구매해 썼다.

하와이 주립 기록원은 자료 사용료도 저렴하고 보유한 자료의 양도 많아 시간이 날 때마

Research

To tell the 121-year immigration history in 15 minutes, I needed to select images and music that convey more than words. I scoured for photographs that captured key events and the essence of each period. While the internet is often considered as a treasure trove, many valuable resources in Hawaiʻi could only be found by physically searching through materials at various institutions.

Therefore, I visited university libraries, museums, the University of Hawaiʻi Center for Korean Studies, and the Hawaiʻi State Archives. Although the Bishop Museum, the biggest museum in Hawaiʻi, had many valuable resources, I could only get a few rare photographs due to its high usage fees.

The Hawaiʻi State Archives offered low usage fees and a vast collection of materials, so I visited whenever I could. I could easily spend a whole day searching through boxes labeled 'Korean' among piles of materials over 100 years old. I will never forget the moment I discovered the list of 102 Koreans who arrived in Hawaiʻi on the first immigrant

한복을 개량해 입은 여성들, 1924년
Wearing modified hanbok, 1924

©<Their Footsteps>

다 갔다. 100년이 훌쩍 넘은 자료 더미에서 'Korean'으로 분류된 상자를 찾다 보면 금세 하루가 갔다. 1903년 첫 이민선을 타고 하와이에 온 조선인 102명의 명단을 발견했을 때는 그들의 이름을 하나하나 손으로 짚어보며 120년의 시간차를 두고 가슴으로 교감했던 순간을 잊을 수 없다.

이민 첫해인 1903년부터 시작해 사진의 촬영 연도가 올라갈수록 이국땅에 차츰 적응해 나가는 선조들의 모습에 괜스레 안도하며 미소 지었다. 초기 사진은 농장에서 일하는 모습 몇 장뿐이었는데 몇 년이 지나자, 우리 어머니들은 고향에서 가져온 한복을 하와이 기후에 맞추어 반소매로 줄여 입는가 하면(사진 위),

타민족 여성들과 함께 빨래터에 모여 빨래를 하기도 했다. (사진 오른쪽)

인물 사진 검색에는 하와이 일간지인 〈호놀룰루 애드버타이저〉의 인물 데이터베이스가 유용했다. 온라인 자료는 남가주대학 한국학 센터, 미연방 자료원에 좋은 자료가 많았고 회신도 잘 해주었다. 자료의 정확성과 관련해서는 학계 전문가들에게 도움을 청했는데, 한국사 전문가 최태성 선생님과 하와이 이민사 연구가 이덕희 선생님이 오류를 잡아주시고 꼭 필요한 조언을 많이 해주셨다.

빨래터의 다민족 여성들, 1920년경
Women washing clothes together, circa 1920

©Hawai'i State Archives

ship in 1903, tracing each of their names and feeling a deep emotional connection across 120 years.

I found myself smiling with a sense of relief as I observed my ancestors gradually adapting to a foreign land. The early images were limited to a few showing them working on farms. But as years passed, our mothers seemed to modify their Hanbok to short sleeves to fit Hawai'i's weather and gather with women of other ethnicities at the communal laundry.

The database of *The Honolulu Advertiser* was useful for searching portrait images.

Online resources from the Korean Studies Center of the University of Southern California and the U.S. National Archives provided valuable materials with prompt responses. For accuracy, I sought assistance from experts like Korean history scholar Choi Tae-sung and Hawai'i immigration researcher Lee Duk-hee, who corrected errors and offered essential advice.

음악 선정

〈하와이 연가〉는 자세히 보면 패턴이 있다. 역사적 사실과 정보를 함축적으로 보여주는 스토리가 4분 미만으로 먼저 전개되고, 뒤이어 연주가 붙는다. 이 형식이 영화 전체에 반복된다. 스토리 파트는 정보 전달을 목적으로 한다. 그 후에 이어지는 연주 장면에서는 관객이 앞서 스토리 부분에서 습득한 정보를 소화하고 그 안에서 각자의 역사를 돌아볼 시간을 갖기를 바랐다. 그를 위해서는 스토리와 유기적으로 연결되는 적합한 음악을 선정하는 것이 무엇보다 중요했다. 케이팝이 전 세계적으로 인기를 얻고 있지만 아름다운 우리 가곡을 세계 시장에 소개하고 싶었다.

1막 1903~1944 꿈 Hope
2막 1945~2003 도약 Growth
3막 2003~평화와 화합 Peace and Harmony

스토리 부분을 4분 미만으로 한정했듯 각 연주곡도 4분을 넘지 않게 편곡했다. 4분에 담는 내용은 스토리건 연주건 단 1초도 허투루 쓰여서는 안 되었다. 무의미한 장면은 없는지, 문장이나 단어가 아니라 글자 한 자 한 자가 그 자리에 반드시 있어야 하는지, 의심하면서 줄이고 또 줄였다. 제작자인 나에게는 중요한 정보가 관객에게는 과다 정보로 느껴질 수 있는 점을 잊지 않으려 노력했다.

Music Selection

Upon closer look, *Songs of Love from Hawai'i* has a pattern: historical facts are presented in a story format under four minutes, followed by a performance. This structure repeats throughout the film. The story section delivers information while the performance allows viewers to reflect on the story and their own histories. Therefore, selecting music that organically connects to the story was crucial. While K-pop has gained global popularity, I wanted to introduce our beautiful traditional songs to the world market.

Just as the story was limited to under four minutes, each musical piece was also arranged to stay within that time frame. Every second, whether in story or performance, had to be purposeful. I scrutinized every scene, word, and even letter, trimming away anything unnecessary. I constantly reminded myself that what might seem essential to me as the creator could overwhelm the audience with too much information.

Act 1 1903~1944 Hope
Act 2 1945~2003 Growth
Act 3 2003~Peace and Harmony

희망가, 봄이 오면 그리고 상록수

첫 곡 '희망가'는 일제강점기에 3.1 만세 운동이 실패로 돌아갔을 때 우리 선조들 사이에서 퍼져 나간 노래라 고민할 여지가 없었다. '희망가'를 연주한 푸우이키 묘지에는 한인 이민 선조들 30여 명이 잠들어 있는데, 그중 대다수가 우리나라 독립운동 자금 모금에 사탕수수 농장의 일당을 보탰다. 이그나스가 '희망가'를 연주하기 시작했을 때 촬영 팀 중 몇몇은 눈물을 훔치기도 했다. '봄이 오면'은 멜로디가 쉽고 편안해 누가 들어도 좋을 것이고, 희망을 노래하는 가사도 스토리와 잘 맞았다. 이전 곡으로부터의 극적 전환을 위해 도입부에 '희망의 나라로'의 주선율을 얹어 역동적인 곡을 만들었다. 마지막 곡으로는 처음부터 '상록수'를 쓰고 싶었다. 미래지향적이고 희망적인 가사가 1편의 엔딩으로 더없이 훌륭했는데, 다만 저작권료가 부담이 되어 쓸 수 있을지 자신이 없었다. 고민 끝에 '김민기 선생님께'로 시작하는 두서없는 글을 썼고, 난데없이 태평양 너머에서 날아온 무명 독립영화 감독의 갑작스러운 부탁을 허투루 듣지 않으신 선생님 덕분에 예산 내에서 '상록수'를 쓸 수 있었다.

Song of Hope, When the Spring Comes and Evergreen Tree

Act 1 begins with Song of Hope, a powerful piece widely sung by Koreans after the failed March 1st Movement under Japanese colonial rule. It was performed at Pu'Uiki Cemetery, the resting place of over 30 Korean immigrant ancestors who supported Korea's independence with their plantation wages. As Iggy performed, the crew paid silent tribute, with some moved to tears. The second piece, When the Spring Comes, was chosen for its soothing melody and hopeful lyrics, appealing to both Koreans and non-Koreans. To add contrast, we introduced the theme from To the Land of Hope to create a dynamic energy. I always envisioned Evergreen Tree as the final song for its future-oriented lyrics. Despite concerns over copyright fees, composer Min-Gi Kim generously allowed us to use the song within our budget.

첫 번째 이야기의 뮤지션,
이그나스 장과 크리스틴 장

〈하와이 연가〉로 쓴 많은 기획안 중 드디어 공모에 당선되어 1천만 원을 받게 되었을 때 가장 먼저 한 일은 나의 오랜 벗, 이기(본명은 '이그나스 장'이지만 친구들은 그를 '이기'라고 부른다)에게 전화를 건 것이다.

"이기, 드디어 네게 사례를 할 수 있게 되었어!"

이기와의 인연은 15년 전 내가 신문기자로 일하던 시절로 거슬러 올라간다. 하와이를 대표하는 오케스트라, 하와이 심포니(Hawai'i Symphony Orchestra)의 공연에 갔는데 악장 자리에 동양인 바이올리니스트가 앉아 있었다. 카리스마 있으면서도 우아한 연주에 반해 이름을 찾아봤더니 성이 장(Jang) 씨. 어, 한국인 같은데…? 며칠 후 마련된 인터뷰 자

리에서 이기는 남달랐던 유년 시절에 대해 들려주었다.

이기의 아버지는 한국에서 대학을 졸업하고 프랑스로 국비 유학을 떠나 여생을 뇌과학자로 프랑스에서 사셨다고 했다. 자식이 프랑스 주류 사회에서 자라길 바랐던 부모는 한국어 교육보다는 프랑스 교육에 집중했고 이기는 한국에 대해 아는 바가 많지 않다고 했다. 부모 밑에서 불어로 이야기하며 자란 이기가 〈하와이 연가〉에 참여하며 본인의 뿌리와 좀 더 가까워진 느낌을 받았다고, 훗날 우리 영화 상영후 간담회에서 이야기하는 걸 보고 〈하와이 연가〉가 이기에게 도움이 된 부분도 있긴 있구나 싶어 안심했던 기억이 있다. 왜 안심했냐 하면, 이기로부터 제작 3년간 음악 관련 세세한 부분에 정말 많은 도움을 받은

Musicians of the First Story, Ignace Jang and Christine Suehisa-Jang

When I finally received the 10 million won funding for *Songs of Love from Hawaiʻi* after winning a contest, the first thing I did was call my long-time friend, Iggy (his real name is Ignace Jang, but friends call him Iggy).

"Iggy, I can finally compensate you for your work!"

My connection with Iggy goes back 15 years to when I was a newspaper reporter. At a Hawaiʻi Symphony Orchestra performance, I noticed an Asian violinist in the principal seat. His captivating, elegant playing caught my attention, and after some research, I found his last name was Jang—'Hmm, he seems to be Korean…?' A few days later, during an interview, Iggy shared stories about his unique childhood.

Iggy's father graduated from Seoul National University and went to France on a government scholarship, where he spent his life as a nuclear scientist. His parents, wishing for him to grow up in French society, focused on French education, so Iggy knew little about Korea. I later heard him say in a film Q&A that participating in *Songs of Love from Hawaiʻi* made him feel closer to his roots, which reassured me that the film was beneficial to him. I felt relieved as

나는 내심 이기에게 마음의 짐 한 자락을 가지고 있었기 때문이다.

실은 마음의 빚이 아니라 진짜 빚이었다. 예산도 확보되지 않은 상태에서 '하와이에 있는 우리 역사를 음악으로 아름답게 기록하고 싶다'라는 아이디어만 가지고 함께하자 권했을 때 이기는 어떤 망설임도 없이 그러자고 했다. 한발 더 나아가 내가 미처 말을 꺼내기도 전에 본인 개런티는 걱정하지 않아도 된다고 먼저 말해준 친구다. 그리고 나는 그 말을 곧이곧대로 믿고 촬영도 들어가기 전에 음악 선정부터 연주 장면, 콘티 제작 등 사전 제작의 모든 과정에서 이기의 귀한 시간과 에너지를 많이도 잡아먹고 있었던 것이다. 마침내 알토

란 같은 첫 제작비로 촬영 감독을 섭외해 촬영에 들어가게 되었을 때, 이기는 연주자로서도 완벽한 모습을 보여주었다. 새벽부터 밤까지 수없이 반복되는 연주 촬영에 단 한 번도 피곤한 기색을 내비치지 않고 매번 진심을 담아 연주했다. 영화에 비치지 않았지만, 소리로는 들을 수 있는 절도 있고 아름다운 피아노 반주는 이기의 아내인 피아니스트 크리스틴 장이 맡아주었다. 3년간의 〈하와이 연가〉 작업을 통해 우리 셋의 우정도 더 깊어졌다(그건 내 입장이고 이기와 크리스는 어떻게 생각하는지 모르겠다. 다만 3년 내내 참 다각도로 귀찮게 하고도 절교 안 당한 것만도 다행이라 여기고 있다!).

I had relied heavily on Iggy's help with the music throughout the three years of production and I had a subconscious burden of gratitude towards him.

However, it wasn't just a burden of the heart, but an actual debt. When I proposed working together without any secured budget, Iggy agreed without hesitation solely with the idea of beautifully recording our history in Hawai'i through music. Soon I was consuming his precious time and energy in every aspect, from music selection to performance scenes and creating the storyboard. When we finally secured the production budget and brought in a cinematographer, Iggy delivered flawless performances as a musician. Despite countless recording sessions from early morning to late night, he never showed fatigue and poured his heart into every note. His wife, pianist Christine Suehisa Jang, provided beautiful piano accompaniment, though it didn't show in the film. Over the three years of working together on the film, our friendship deepened (at least from my perspective; I'm not sure how they feel. Still, I feel fortunate that they didn't cut me off despite being a bit of a nuisance!).

〈하와이 연가〉 첫 촬영지, 푸우이키 묘지에서, 이그나스 장
At the first filming location of *Songs of Love from Hawai'i*, Igance Jang at Pu'uiki Cemetery

푸우이키 묘지에는 사탕수수 노동자로
일했던 한인 이민자 36명이 잠들어 있다.

Resting here are 36 Korean immigrant families,
once plantation workers.

하와이 한인들의 태극기 행진, 1915년
Marching with the Korean flag, circa 1915

지금은 쉽게 구할 수 없는 대형 태극기, 누가 만든 것일까? 이
사진을 촬영한 연도는 1915년. 당시 대한민국이라는 나라는
존재하지 않았다. 외딴섬 하와이에 있던 여성들, 우리 어머니
들은 태극기 행진을 통해 소리 없이 우리의 존재를 알리고 고
국의 독립을 외쳤다.

A massive national flag, rare by today's standards—but who crafted it? This photograph dates back to 1915, a time when the Republic of Korea had yet to be established. Yet on the distant shores of Hawai'i, a group of women—our mothers—silently made our presence known, marching with the Taegeukgi and crying out for Korea's independence.

미국 최초의 한국인 여성 판사 캐런 안은 근래 만난 여성 중 가장 멋진 분이었다. 안원규, 이정송 독립운동지사 부부의 손녀이기도 한 캐런 안 판사는 이십 년 가까이 하와이 법정을 호령했으며, 지금은 은퇴 후 사진작가로 살고 있다. 대화 중 독립영화 제작에 관한 어려움을 토로했는데, "어떤 경우에도 길이 없는 건 아니다. 길을 잠시 잃을 수는 있지만, 그렇다고 길이 없어지는 건 아니다"라며 나의 길을 응원해 주었다.

Karen Ahn, the first Korean American woman judge in the U.S. and granddaughter of independence activists Ahn Won-gyu and Lee Jeong-song, is one of the coolest people I've met. After nearly 20 years on Hawai'i's courts, she's now become a photographer. When I shared the struggles of making an independent film, she said, "There's never a situation where no path exists. You might lose your way for a moment, but that doesn't mean the path is gone."

대한민국 해군 함정이 세계 최대 다국적 해상 훈련인 '림팩' 참가를 위해 하와이 진주만에 입항한다는 소식을 듣고 영화의 엔딩 장면이 절로 그려졌다.

지금으로부터 120년 전, 더 나은 삶을 살 수 있다는 말에 자기가 가진 전부를 버리고 102명의 우리 조상이 건넜던 바로 그 바다를 우리 해군이 건너온다니, 120년 역사를 통해 이룬 우리 선조들의 성취와 강해진 우리 국력을 상징적으로 보여주기에 이보다 좋은 그림을 생각할 수 없었다. 하지만 방송국도 제작사도 아니고 일개 독립영화 감독으로서 어떻게 촬영 허가를 받을지 난감했다. 나의 간절한 바람을 들은 하와이 총영사관의 오순근 무관은 "쉽진 않겠지만 한번 해보죠!"라고 힘을 북돋워 주었다. 한인 이민 역사에 큰 관심을 갖고 있던 오순근 무관님의 도움으로 대한민국 해군, 그리고 미군에서 촬영 허가를 받을 때까지 크고 작은 장애물을 넘을 수 있었다. 결국 촬영 직전, 전날도 아니고 촬영 당일 아침에 가까스로 허가증이 나왔는데, 전 스태프가 아니라 촬영 필수 인력 다섯 명만 선상에 올라갈 수 있다고 했다.

다섯 명이 떨리는 마음으로 선상에 올라 장비를 풀고 이그나스 장이 '상록수' 연주를 시작했을 때였다. 거짓말같이 크고 아름다운 무지개가 하늘을 가득 채웠다. 하와이에 살면서 무지개를 수없이 봤지만 그렇게 크고 선명한 무지개는 처음이었다. 다들 감상에 젖어 넋을 놓고 무지개를 감상했다…라고 하면 좋겠지만, 그건 아니고 쌍무지개가 사라질까 봐 속사포 촬영을 했다!

영화의 하이라이트 컷이 탄생하는 순간이었다. 마치 하늘에 계신 누군가가 "그래, 수고했어"라고 말해주는 것 같다고 이예지 프로듀서는 말했다.

'이민선조연합에서 보내주신 무지개 화환'을 받아 든 우리 촬영 팀은 새벽 여섯 시에 시작한 열두 시간의 촬영 강행군에도 행복한 마음으로 촬영 1일 차를 마쳤다.

When I heard that the Republic of Korea's Navy ship would dock at Pearl Harbor to participate in the RIMPAC, the world's largest multinational maritime exercise, the film's ending scene naturally came to my mind.

120 years ago, 102 of our ancestors crossed the same sea, leaving everything behind for a better life. Now, our Navy was making that journey again, symbolizing the remarkable progress of our nation over the past century. It was a powerful image, but as an independent filmmaker, securing filming permission seemed daunting. Hearing my earnest wish, Military attache from the Hawaiian consulate encouraged me, saying, "It won't be easy, but let's give it a try!"

With his support, I managed to get the necessary permissions from both the Republic of Korea Navy and the U.S. military. Just before filming, we received the permit, but with a catch—only five essential crew members could board the ship.

With hearts full of excitement, the five of us boarded the ship, set up our equipment, and Ignace Jang began to perform "Evergreen Tree." Miraculously, a large and beautiful rainbow filled the sky. Living in Hawai'i, I had seen countless rainbows, but I had never seen one so big and vivid. While it would be lovely to say that we all admired the rainbow in awe, that wasn't the case. Instead, we hurriedly filmed, worried that the double rainbow might disappear!

This was the moment the film's highlight cut was born. Producer Yea Jee Lee remarked that it felt as if someone up above was saying, "Great job!"

Our filming team, having received the "rainbow wreath from the Korean Immigrant Ancestors Association", wrapped up the first day of shooting with joyful hearts after an intense twelve-hour shoot that began at 6 a.m.

하와이에 살면서 무지개를 수없이 봤지만 그렇게 크고
예쁜 무지개는 처음이었다.
Miraculously, a large and beautiful rainbow filled the sky.

현장에서

하와이 한인 사회에는 각계각층에 훌륭한 분이 참 많다. 감독 입봉 전, 십 년 넘게 방송국 기자로 일해서 그런 분들을 만날 기회가 많았는데, 특히 '미주한인재단 하와이'에서 봉사해온 분들을 오랜 시간 존경해 왔다. 각자의 영역에서 활발히 활동하는 이들이 자신의 능력과 시간을 바쳐 하와이에 한인 문화와 역사를 알리는 데 오래 힘써 왔다. 매년 하와이 주 행사로 열리는 코리안 페스티벌에서 한인 이민 역사 사진전을 여는가 하면 이민 선조들이 묻혀 있는 '푸우이키 묘지'에 모여 청소 봉사를 하고 지역 고교생들과 더불어 묘지마다 헌

화도 한다. 미주한인재단은 이민 100주년을 맞던 해, 하와이 원로인 고 김창원 이사장이 사재를 털어 설립한 비영리재단이고, 고 김창원 이사장의 아버지는 121년 전 하와이에 이민한 초기 이민자 중 한 명이다.

'푸우이키 묘지'에서 첫 촬영을 하겠다고 했을 때 '미주한인재단' 김태영 이사가 촬영을 전폭적으로 지원해 주었다. 촬영이 시작되기 전 현장에 있던 우리는 다 같이 기도를 올렸다. 모두 종교는 다르지만, 과거 이 땅을 거쳐 간 이들을 떠올리며 감사의 마음을 올렸다.

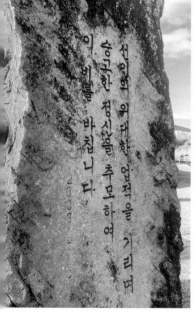

Behind the Scenes

The Korean community in Hawai'i is home to many outstanding individuals from all walks of life. Over 10 years of working as a broadcaster, I had the privilege of meeting many of them, especially those dedicated to the Korean American Foundation of Hawai'i. have worked hard to promote Korean culture and history. They organize annual photo exhibitions at the Korean Festival and volunteer at Pu'Uiki Cemetery, cleaning the area and paying their respects with flowers with local high school students. The Korean American Foundation was established by Chairman Kim Chang-won, who used his own funds in honor of the 100th anniversary of Korean immigration. His father was also one of the early immigrants who came to Hawai'i 121 years ago.

When I announced that we would be filming at the 'Pu'Uiki Cemetery', Director Kim Tae-young of the Korean American Foundation fully supported us. Before filming began, we gathered to make a prayer. Despite our different religious beliefs, we collectively shared a moment of gratitude for those who have walked this land before us.

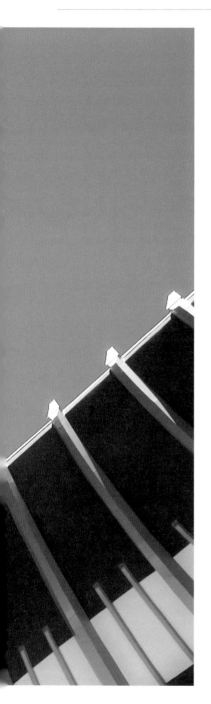

이그나스 장은 하와이를 대표하는 심포니 오케스트라 악장으로 십 년 넘게 활약하며 티브이 출연도 자주 해서 하와이에선 꽤 유명 인사다. 평일 아침 주청사에서 진행한 이그나스의 첫 연주 촬영일. 출근길 걸음을 재촉하던 하와이 주민은 난데없는 귀 호강에 어리둥절하면서도 행복해했다.

Ignace Jang has been the concertmaster of Hawaiʻi's leading symphony orchestra for over a decade and frequently appears on TV, making him quite well-known in Hawaiʻi. On the morning of his first performance shoot at the state capitol, people rushing to work were pleasantly surprised and momentarily confused as they received an unexpected musical delight.

상록수
Evergreen Tree
김민기 작사 작곡, 김지환 편곡
written and   by Min-Gi Kim, rearranged by Jeehwan Kim

작곡가 김민기 선생님이 '상록수'를 사용하도록 허락해주시지 않았다면 불가능했을 장면이다. 한국에서 개봉하게 되면 꼭 영화관의 가장 편한 자리에 모셔 보여드리고 싶었는데, 개봉은 하게 되었지만 더 이상 선생님이 계시지 않는다. 영화 속 '상록수'가 울려 퍼질 때마다 선생님의 안식을 기원해야지 다짐한다. 상영 초청은커녕 감사 인사도 제대로 드리지 못한 죄송함을 그렇게라도 달래야 한다.

This scene wouldn't have been possible without Kim Min-Gi's gracious permission to use his song "Evergreen Tree." When the film was set to release in Korea, I had hoped to invite him to the most comfortable seat in the theater and present the finished work. Sadly, he's no longer with us. Each time "Evergreen Tree" plays in the film, I silently vow to pray for his peace. Though I never got to thank him properly or invite him to a screening, I try to ease my regret in that way.

하와이 연가

SONGS OF LOVE FROM HAWAI'I

두 번째 이야기: 할머니의 놋그릇

Second story: My Halmeoni's Brass Bowl

19세기 후반, 하와이에서 사탕수수 농업이 성행했다. 여러 나라 사람이 돈을 벌기 위해 미지의 땅 하와이로 노동 이민을 감행했다. 한국인 사탕수수 노동자들은 대부분 남성이었고 신붓감을 구하기가 힘들었다. 이에 1910년부터 신랑 사진만 보고 이민을 결심한 '사진신부' 700여 명이 하와이로 향했다. 1912년, 열일곱 살 임옥순도 사진신부가 되었다.

테마: 하와이에 간 사진신부 '임옥순'의 실화 스토리를 통해 이민 여성의 삶과 헌신을
감동적으로 조명

각본: Gary Pak, 하와이 대학교 영문과 교수이자 작가, 임옥순의 친손자

목소리 연기: 예수정(배우)

연주: 리처드 용재 오닐(Richard Yongjae O'Neil, 그래미상 수상 비올리스트)

연주곡: 대니 보이, 오빠 생각, 어메이징 아리랑

Theme: A moving portrayal of the life and dedication of immigrant women
through the true story of the picture bride 'Lim Ok Soon' in Hawai'i.

Original Work: Gary Pak, professor of English at the University of Hawai'i,
author, and grandson of Lim Ok Soon.

Voice Acting: Ye, Su-Jeong

Performance: Richard Yongjae O'Neil (Grammy Award-winning violist)

Pieces Performed: Thinking of My Brother, Amazing Arirang, Danny Boy

In the late 19th century, Koreans left for Hawai'i to work in sugar plantations. As
most were men, starting families became a challenge. To address this, around
700 women from 1910 left for Hawai'i as "picture brides," marrying plantation
workers based solely on exchanged photographs. In 1912, at age 17, Lim Ok
Soon became a picture bride.

"사랑하는 마음을 가져야 해요. 이타심 말이에요. 자신의 욕구
만 채우고, 자신의 안위만 돌보려 해서는 안 돼요. 지금 우리
에게 가장 필요한 건 사랑입니다."

게리 박 작가

"We need to have a loving heart. It's about altruism. We shouldn't just fulfill our own desires and only look after our own well-being. What we need the most right now is love."

Gary Park, author

"모르는 남자하고 사진을 교환했어. 그 사람은 내 남편이 될
참이었지… 이제 난, 낯선 땅에서 한 번도 본 적 없는 남편
하고 새 삶을 시작할 거야."

"I exchanged photos with a man I'd never met. He
was going to be my husband…. and now, I'm about to
begin a new life in a new land with someone I've only
seen in a photograph."

임옥순 부부를 포함해 수많은 하와이 사탕수수 노동자들은 피땀 흘려 번 돈을 잃어버린 조국을 되찾기 위한 모금에 아낌없이 보냈다. 지금의 화폐 가치로 무려 60억 원. 이들에겐 꿈이 있었기 때문이다. 자신들 뒤를 잇는 아이들은 식민지 조국의 백성으로 살지 않게 하겠노라는 꿈….

©<Their Footsteps>

Including Lim Ok Soon and her husband, many sugarcane workers in Hawai'i generously contributed their hard-earned money to raise funds for reclaiming their lost homeland. In today's currency, this amounts to as much as 6 billion won. This was possible because they had a dream: to ensure that their children would not have to live as subjects of a colonial nation⋯ That dream is the very time and space we enjoy today.

[제작노트 #2] 2023년 1월 3일

두 번째 이야기:
'할머니의 놋그릇'을 시작하며

121년 한인 이민사를 다른 말로 하면 '사랑의 역사'일 것이다. 한국인들이 하와이에 온 건 1903년 1월 13일, 하와이 한인 이민 역사의 시작이자, 우리나라 공식 이민의 시작이다. 낯선 곳에서 그들의 삶을 지탱한 원천은 '사랑'이었다. 자식들에게만큼은 가난과 무지를 물려주지 않겠다는 다짐. 그 다짐으로, 헌신과 사랑으로, 하루를 살고 자식을 키웠다.

1910년 국권 피탈. 언젠가는 돌아갈 수 있으리라는 희망을 안고 있었던 조국이 망하는 비극을 지켜봐야만 했던 이민자들.

Beginning the Second Story:
My Halmeoni's Brass Bowl

The 121-year history of Korean immigration is truly a 'history of love.' Koreans first arrived in Hawai'i on January 13, 1903, marking not only the beginning of Korean immigration to Hawai'i but also the official start of the nation's immigration journey. Their resilience in a foreign land was fueled by 'love'—their determination to shield their children from poverty and ignorance. Through dedication and love, they lived each day and raised their children.

In 1910, during the annexation of Korea by Japan, the immigrants who had held onto the hope of returning home had to witness the tragic downfall of their homeland. Despite working tirelessly in the sugarcane fields, they set aside part of their earnings for the independence fund, as if paying tithes. This money was sent to support the provisional government in Shanghai and independence movements in Manchuria. The love for their children and homeland shaped the second and third generations and played a significant role in achieving Korea's liberation.

In 1919, the Provisional Government of the Republic of Korea struggled to fund its independence movement. To address this, they issued bonds overseas totaling

그들은 사탕수수밭에서 일하며 번 월급에서 십일조를 떼듯 꼬박꼬박 독립 자금에 보탰고 그 돈을 고국으로, 상하이 임시 정부로, 독립군이 활동하던 만주로 보냈다. 자식에 대한 사랑, 그리고 잃어버린 조국에 대한 사랑은 한인 최초 미주 대법원장과 같이 곳곳에서 활약하고 있는 2세, 3세의 역사를 만들었으며 조국의 광복을 이루어내는 데 큰 역할을 했다.

1919년, 대한민국 임시정부는 독립운동을 위한 운영이 어려워지자, 활동 자금을 마련하기 위해 해외 독립 공채 25만 달러를 발행했다. 요즘 사고방식으로 보면 실체 없는 유령과도 같은 조직에서 발행한 한낱 종이 한 장이다. 깡통 채권과도 같은 거다. 그 당시 외국인들 역시 같은 시선으로 독립 공채를 바라보았고, 외면했다. 그런데 그중 15만 달러가 매입되는 기적이 일어난다. 그것을 매입한 이들은 바로 하와이 한인 이민자들이었다.

임옥순 부부를 포함해 수많은 하와이 사탕수수 농장 노동자들은 안중근 의사의 재판 비용부터 대한민국 임시정부의 자금까지, 피땀 흘려 번 돈을 잃어버린 조국을 되찾기 위한 모금에 아낌없이 보탰다. 이들에겐 꿈이 있었기 때문이다. 자신들 뒤를 잇는 아이들은 식민지 조국의 백성으로 살지 않게 하겠노라는 꿈… 그 꿈이 바로 지금 우리가 누리는 시간과 공간이다.

〈하와이 연가〉의 두 번째 이야기는 바로 그 '사랑'에 관한 것이다.

$250,000. Through a modern lens, these bonds are merely pieces of paper issued by an unknown organization — essentially like worthless junk bonds. Foreigners at the time were also skeptical. However, a miracle occurred: $150,000 of these bonds were purchased. It was the Korean immigrants in Hawai'i that made it possible.

Countless sugarcane workers in Hawai'i, like Lim Ok Soon and her husband, dedicated their hard-earned money to fund everything from Ahn Jung-geun's trial expenses to supporting the provisional government. Their dream was to ensure their children wouldn't live under a colonized homeland — a dream that shaped the very time and space we enjoy today.

The second story of *Songs of Love from Hawai'i* is about that very 'love'.

'할머니의 놋그릇'의 원작자: 게리 박 작가

〈하와이 연가〉두 번째 이야기의 원작을 쓴 게리 박 작가와는 〈무지개 나라의 유산〉을 계기로 인연을 맺게 되었다. 작가는 내가 〈무지개 나라의 유산〉에 기록한 이민 후손 다섯 명 중 한 명이다.

하와이로 이사한 지 5년쯤 되었을 때 이민사에 관심을 갖게 되면서 이민 후손을 다룬 문학 작품을 찾기 시작했는데 그중 게리 박 작가의 작품이 단연 돋보였다. 과거 시대상을 반영하면서도 작가의 상상력이 더해진 그의 소설을 하와이 야자수 나무 그늘에서 읽고 있으면 타임머신을 타고 100년 전 하와이로 돌아간 듯한 착각이 들곤 했다. 그의 소설 속 과거 한국인 이민자들이 갖은 결핍과 고난을 끌어안고 아웅다웅 살아가는 모습은 하와이의 현재를 살고 있는 나나 내 이웃들의 모습과 크게 다르지 않았다.

하와이에서 나고 자라 하와이대학교 교수로 영문학을 가르쳤던 게리 박 작가는 2005년 〈사탕수수 농장의 아이들 (Plantation Children)〉이라는 제목의 구술사 영상을 제작하기도 했다. 1903년부터 1905년, 하와이에 이민해 사탕수수 농장에서 일한 이민자들의 자녀들, 즉 한인 2세 열아홉 명과의 인터뷰를 통해 1세대 이민 스토리를 기록했다.

게리 박 작가가 이민 1세대 스토리에 귀 기울이게 된 것은 그의 할머니 임옥순 여사가 이민 1세대이기 때문이다. 그의 가슴

Original Author of My Halmeoni's Brass Bowl: Gary Pak

I first worked with Gary Pak, the original author of the second story in *Songs of Love from Hawai'i*, in my debut film *Words of Wisdom from the Rainbow State*. He was one of the five descendants of immigrants featured in that six-part documentary series.

About four or five years after moving to Hawai'i, I became interested in immigration history and sought out literature on immigrant descendants. Among them, Gary Pak's work stood out the most. Reading his novels, which blend historical reflection with imagination, often felt like stepping into a time machine, transporting me to Hawai'i 100 years ago. The struggles of past Korean immigrants in his stories, facing hardship and scarcity, seemed strikingly similar to the lives of myself and my neighbors living in Hawai'i today.

Gary Pak, born and raised in Hawai'i and later became an English professor at the University of Hawai'i, produced *Plantation Children* in 2005. This oral history video captures the stories of first-generation immigrants through interviews with nineteen second-generation Korean Americans, whose parents had immigrated to Hawai'i between 1903 and 1905 to work on sugarcane plantations.

한쪽에 늘 자리하고 있는 임옥순 할머니는 1913년 한국에서 '사진신부'로 하와이에 왔다. 작가의 기억 속 할머니를 한 단 어로 말하면, '사랑'이다. 그가 작가로서 작품을 통해 이야기 하고 싶은 것 또한 '사랑'이다.

게리 박 작가는 할머니가 주신 사랑을 소중히 품어 다음 세대 에 전하는 일을 한다.

Gary Pak's interest in first-generation immigrants stems from his grandmother, Lim Ok Soon, who came to Hawai'i in 1913 as a 'picture bride.' She holds a permanent place in his heart, and if he had to describe her in one word, it would be 'love'—the same love he aims to convey through his writing.

Gary Pak cherishes his grandmother's love and makes it his mission to pass it on to the next generation.

시나리오 작업

2023년 봄, 〈하와이 연가〉 기획안으로 세 번째 제작 지원 공모에 당선되었을 때, 이번에는 게리 박 작가에게 전화를 걸었다. 3년 전 〈무지개 나라의 유산〉 촬영 당시 그는 할머니에 관해서는 차마 어떤 글도 쓸 수 없다고 했지만, 분명 뭐라도 적어놓은 게 있을 것 같았다. 작가란 쓰지 않고는 배기지 못하는 존재니까. 아니나 다를까 발표할 준비는 안 된 원고라고 하면서 중편 소설 분량의 종이 꾸러미를 던져주셨다. 꽤 긴 분량의 초고였는데 어떤 한 대목에서 나도 모르게 눈물이 주룩 흘렀다.

나에 대해 쓰지 마라, 게리야. 나는 그저 가난한 농부의 아내일 뿐이야. (…)
그래도 꼭 써야겠다면, 할머니 기쁨에 대해 써.
학교를 졸업하는 손주들을 지켜보았던 기쁨.
너와 네 사촌들을 먹이기 위해 내 검은 주물 프라이팬에 스테이크를 구울 때의 기쁨,
너희들이 그것을 먹는 것을 지켜보던 기쁨에 대해….

이 부분을 포함해 원고의 몇몇 장면에 동그라미를 쳐 이를 바탕으로 20분 분량의 시나리오 초안을 써주실 수 있을지 여쭤보았다. 게리 박 작가는 몇 달 후 나의 부탁을 반영한 초고를 보내왔고, 그 후 2주 간격으로 의견을 주고받으며 이야기를 발전시켜 나갔다. 6개월 후 게리 박 작가님은 영어 최종본을 주셨고 나는 그걸 한국어로 번역했다. 겨우 세 장 분량의 시나리오에 한 여성의 삶이 이렇게 아름답게 담길 수 있다는 게 놀라웠다.

이제 내가 할 일은 이 아름다운 시나리오가 낭비되지 않도록 하는 것. 임옥순의 캐릭터를 구현해 줄 좋은 배우를 찾고 이야기에 감성과 깊이를 더해 줄 좋은 연주자를 찾아야 했다.

Scenario Development

In spring 2023, after being selected for the third production support competition with *Songs of Love from Hawai'i*, I called Gary Pak. Three years earlier, while filming *Words of Wisdom from the Rainbow State*, he said that he couldn't write anything about his grandmother. Still, I felt sure he had written something. Sure enough, he handed me a bundle of papers, saying it wasn't ready for release. It was quite lengthy, but I found myself moved to tears.

Don't write about me, Gary-ya, I am just a poor farmer's wife.
Don't write about me (···)
Write about my happiness to see you graduate from high school and then go to a big university on the mainland.
Write about my joy to watch my grandchildren sleep peacefully while I sing a song from my childhood···.

I asked if he could draft a 20-minute screenplay based on the scenes I had circled in the manuscript, including this part. A few months later, he sent me a draft, and we exchanged feedback every two weeks to refine the story. Six months later, he provided the final script in English, which I translated into Korean. It was astonishing how beautifully the life of one woman was captured in just three pages.

Now, my task was to ensure this beautifully written

제작이 완료된 후, 원고료 명목으로 약소한 사례비를 전달했을 때, 게리 박 작가는 그 돈에 자신의 사비를 더해 돌려보내며 이렇게 말했다. "〈하와이 연가〉 작업을 저는 우리 사회를 위한 봉사로 여기고 있어요. 진영 감독도 같은 이유로 이민 역사를 기록하며 무보수로 일하고 있지 않습니까. 내 할머니의 이야기가 누군가에게 위로가 된다면 그걸로 사례는 충분합니다."

그때 나는 처음으로 〈하와이 연가〉가 가진 공익적 가치에 대해 생각하게 되었다. 그리고 내가 하는 일에 일말의 자부심도 처음으로 갖게 되었다. 1인 제작사로 영화를 제작하다 보니 늘 일에 치이게 되는데, 그러다 보면 프로젝트의 큰 그림과 장기 목표, 처음의 비전을 잊기 쉽다. 하지만 영화는 물론이고 어떤 일을 하더라도 중간에 길을 잃지 않으려면 내가 이 일을 왜 시작했으며, 목표가 무엇인지를 인지하는 것이 중요하다. 게리 박 작가의 그 말씀은 나의 자리를 되돌아보게 해주었고 계속해서 〈하와이 연가〉를 이끌고 나갈 귀중한 연료가 되어 주었다.

script was not wasted. I needed to find a talented actor to bring the character of Lim Ok Soon to life and a skilled musician to add emotion and depth to the story.

After the production was completed, I handed Gary Pak a modest honorarium as a writing fee. However, he returned the money, even added some of his own, and said, "I consider the work on *Songs of Love from Hawaiʻi* as a service to our society. You, as director, are also working voluntarily to record our immigration history. If my grandmother's story brings comfort to someone, then that is enough."

That was the first time I started thinking about the public value of *Songs of Love from Hawaiʻi*. I also began to feel a sense of pride in the work I was doing. As a one-person production company, I often became overwhelmed, losing sight of the project's bigger picture and long-term goals. However, it's crucial to remember the reason and goal for starting the project to stay on track. Gary Pak's words helped me reflect on my purpose and motivated me to continue with *Songs of Love from Hawaiʻi*.

Don't write about me

애니메이션 vs 재연

〈하와이 연가〉에 담긴 세 가지 이야기는 각각 스토리텔링 방식이 다르다. 자연히 제작도 각기 다른 과정으로 이루어졌다. 두 번째 이야기 '할머니의 놋그릇'의 경우, 게리 박 작가가 보유한 가족사진과 자료가 꽤 많긴 했지만, 그렇대도 20분 분량의 영화를 만들 수 있는 정도는 아니었다. 배우를 써서 단막극(극영화)을 제작할지, 소극장을 빌려 연극으로 꾸미고 그 연극을 영상에 담을지, 샌드 아트로 표현할지, 3D 애니메이션을 제작할지, 여러 가지 안을 놓고 고민하다 결국 2D 애니메이션으로 마음이 기울었다.

이번 이야기 역시 첫 번째 '그들의 발자취'처럼, 스토리-연주, 스토리-연주, 스토리-연주로 이어지는 3막 구성을 생각했는데, 하와이의 광활한 풍광을 배경으로 하는 연주 장면을

시각적으로 극대화하려면 스토리 부분은 단순해야 했다. 그렇다고 애니메이션의 역할이 단순히 스토리를 설명하는 데 그쳐서는 안 되었다. 표현 기법이 단순할수록 상징과 은유를 통해 깊이를 부여해 주어야 하기 때문이다. 말하자면 대하소설이 아니라 한 편의 시 같은 애니메이션을 제작해 줄 작가를 찾아야 했다.

그렇게 만난 니리 스튜디오 남훈일, 김다솔 작가는 부부 사이다. 아내는 그림을 그리고 남편은 아내가 그린 그림에 움직임을 부여한다. 작업 내내 리처드 용재 오닐의 연주를 들었고 작업을 하지 않는 시간에도 클래식 음악을 챙겨 들었다는 작가 부부의 말에, 그리고 우리 역사를 기록하는 일에 자부심을 갖는다는 말에, 작업자와 의뢰인의 관계가 아니라 동지를 만난 것 같았다.

Animation vs Live Action

Songs of Love from Hawai'i features three stories, each with its own storytelling method and production process. For the second story, My Halmeoni's Brass Bowl, Gary Pak had a substantial collection of family photos, but it wasn't enough for a 20-minute film. We debated over various options: casting actors to create a short film, renting a small theater for a play, using sand art, or creating 3D animation. Ultimately, we leaned towards 2D animation.

Initially, I thought of using a three-act structure of repeating 'story-performance' three times like in Their Footprints. However, to emphasize the performance scenes

against Hawai'i's vast landscapes, the story needed to be simplified. The animation's role extended beyond storytelling; a simpler technique requires deeper symbolism and metaphor. Ultimately, I needed a writer who could create an animated piece akin to a poem rather than a sprawling novel.

That's how I met Hunil Nam and Dasol Kim from Niri Studio, a husband-and-wife duo. The wife does the illustrations, and the husband brings her drawings to life through animation. They shared that they listened to Richard Yongjae O'Neill's performances while making and even said they enjoyed classical music during their downtime. Their pride in

영화 제작을 마치고 제43회 하와이국제영화제를 통해 영화가 세상에 이미 나왔음에도 새로 추가하거나 삭제하고 싶은 컷이 하나둘 생겨났다. 누군가는 편집본에서 손을 뗄 줄 알아야 비로소 독립영화 감독 신세(?)를 벗어난다고 했는데 나는 그렇게 생각하지 않는다. 남들이 보기엔 하나 마나 한 수정이라도 작품이 미세하게나마 진일보할 수 있다면 계속 해보는 것은 소수의 팀과 일하는 독립영화 감독이기에 할 수 있는 일 아닐까? 하지만 그렇다고 이런 생각을 팀원들에게 강요할 수는 없는 노릇이라 오래 망설이다 애니메이션 팀에 추가 의뢰를 했는데, 기꺼이 해주기로 해서 안도했던 기억이 있다. 나중에 보니 그들 역시 자신의 작품 활동을 지속적으로 해나가고 있는 아티스트라 이해심을 발휘해 준 듯했다.

documenting our history made me feel like I had found comrades in this project, not just collaborators.

Even after completing the film and showcasing it at the 43rd Hawai'i International Film Festival, I found myself wanting to add or remove a few cuts here and there. Some say that knowing when to stop editing frees independent filmmakers from the so-called "indie director" label, but I disagree. If even the smallest adjustment can improve the film, isn't that the benefit of working with a small team? I hesitated to impose these thoughts on my team, but when I finally approached the animation team for revisions, they agreed. Looking back, I believe they understood because, as fellow artists, they continually refine their own work too.

1912년, 열일곱 살 임옥순도 사진신부가 되었다
In 1912, at age 17, Lim Ok Soon became a picture bride

임옥순을 찾아서

임옥순의 스토리를 애니메이션으로 표현하고, 여기에 임옥순과 손자 게리 박이 대화를 주고받는 형식의 내레이션으로 스토리를 이끌어가기로 했다. 관객들이 많은 텍스트를 읽어야 하는 수고를 잠시 내려놓고, 임옥순 할머니가 들려주는 이야기에 편안히 귀 기울일 수 있기를 바랐다. 손자 게리 역의 내레이션은 게리 박 작가가 직접 해주시기로 했다. 게리 박 작가는 평소 북 토크를 통해 자신의 소설과 시 낭독을 자주 해 온 터라 발음도 정확하고 음색도 따뜻했다. 게리 박 작가 본인이 쓴 글을 작가만큼 잘 표현할

Halmeoni Lim Ok Soon picture bride circa 1913

In Search of
Lim Ok Soon

We decided to tell Lim Ok Soon's story through animation, narrated in the form of a conversation between her and her grandson, Gary Pak. The goal was to let the audience enjoy the story without reading and instead listen comfortably to the story being told by Grandma Lim Ok Soon. Gary Pak agreed to narrate his own part and because he was experienced in reading his novels and poems at book talks, he had clear pronunciation and a warm

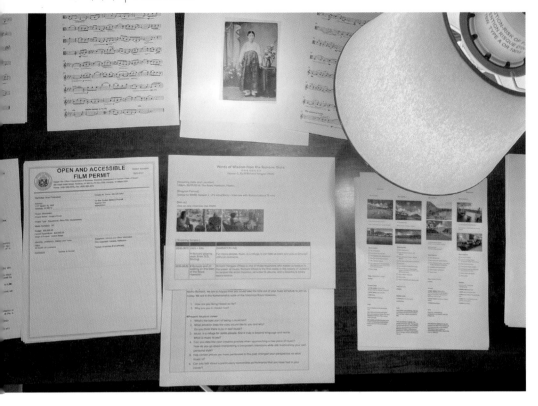

수 있는 배우는 없을 것으로 판단했다. 문제는 임옥순 역할을 해줄 배우나 성우를 찾는 것이었다.

임옥순은 단순하지 않은 캐릭터다. 고향 평안남도에서 살던 어린 시절, 일본군의 습격으로 부모를 여의고 가난과 차별 속에서 식모살이를 하던 어린 임옥순에게 삶의 선택지는 많지 않았을 것이다. 임옥순이 열일곱 살이 되던 해 하와이 파인애플 농장에서 일하고 있던 영웅환과 사진 혼인을 했고, 곧 하와이로 이주

해 열 명의 자녀를 낳아 키웠다. 운명에 맞서 비범한 삶을 산 만큼 억척스러운 성격의 소유자일 것 같지만 게리 박 작가는 할머니를 온화하고 여린 존재로 기억하고 있었다.

실사판 '임옥순'을 찾아 하와이 현지는 물론 할리우드가 있는 로스앤젤레스, 그리고 한국까지 수소문해 보았지만 성과가 없었다. 이때만 해도 임옥순 내레이션을 영어와 한국어 중어떤 언어로 할지 고민할 때라 두 가지 언어 모두 녹음 오디션을 진행했는데 영어 느낌이

vocal tone. I felt that no actor could express his words better than he could. The challenge, however, was finding the right actor/voice actor for Lim Ok Soon's character.

Lim Ok Soon is not a simple character. As a child living in Pyeongannam-do, she lost her parents in a raid by the Japanese military and faced a life of poverty and discrimination, working as a maid. At the age of seventeen, she became a picture bride and married Yeong Eung-Hwan, a pineapple plantation worker in Hawai'i. There, she raised ten children. Given the extraordinary life she had, one might assume she had a tough, resilient personality. However, Gary Pak remembered his grandmother as gentle and delicate.

In the search for Lim Ok Soon, efforts

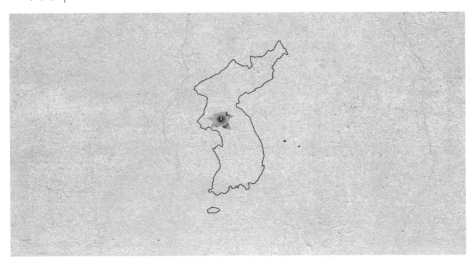

좋으면 한국어 연기가 아쉽고 한국어 느낌이 좋으면 영어 연기가 아쉬웠다. 고민 끝에 평소 알고 지내던 극단 미인의 김수희 연출가에게 조언을 구했다.

김수희 연출이 강력히 추천한 인물은 예수정 배우로, 수많은 영화와 연극을 통해 연기력을 입증해 왔으며 어떤 배역이라도 허투루 연기하는 법이 없는 걸로 유명하다고 했다.
긴장 반 설렘 반으로 예수정 배우의 연기를 찾아보았다. 여림과 강함이 모두 내재되어 있는 목소리에 임옥순이 어렵지 않게 투영되었고 드디어 그렇게 찾아 헤맸던 배우를 만나게 되었음을 확신했다. 문제는 다시 개런티였다. 약자는 말이 많은 법. 게리 박 작가가 쓴 초안을 동봉해 보낸 출연 부탁의 길이 너무 길고도 구구절절해 마음이 편치 않았는데 하루 만에 회신이 왔다.

"그래요. 좋은 작품, 같이 만들어보죠."

짧지만 명쾌한 답변이었다. 다음 날로 게리 박 작가가 쓴 원본을 보내고, 곧이어 한국어 번역 대본을 보냈다. 그러고서 한 달 후 예수정 배우와 내레이션 녹음을 진행하기 위해 한국에 나갔을 때, 멋진 경험을 했다. 첫인사를 나누는 자리, 예수정 선생님이 뭘 좀 물어보고 싶다면서 서류봉투를 꺼내셨다. 연필로 뭔가 빼곡히 적혀 있었는데, 대본 전체를 직접 적어 오신 것이었다. 역할에 몰입하기 위한 선생님만의 방식이었다. 그리고 문장과 문장 사이, 간간이 물음표가 그려져 있었다. 한국어 번역 문장의 여러 부분을 선생님 입말에 맞게 바꿔도 될지 적어 오신 거였는데, 그 제안이 얼마나 적절하고 정확하든지, 애초에 이런 대본을 드리지 못한 것이 부끄러웠다.
예를 들면, 한국어로 '정말 힘든 세월이었단

were made across Hawai'i, Los Angeles (home to Hollywood), and Korea, but the progress was slow. At the time, we couldn't decide whether her narration should be in English or Korean, so auditions were held in both languages. However, if the English delivery felt right, the Korean performance fell short, and vice versa. After much deliberation, I sought advice from director Kim Soo-hee of Theater Miin.

The person recommended by director Kim Soo-hee was actress Ye Su-Jeong, who had proven her skill in both films and plays and was known for always giving her best in every role.
With a mix of nervousness and excitement, I looked up her past performances. Her voice, embodying both gentleness and strength, effortlessly reflected Lim Ok Soon. I was sure she was the one. The

issue, however, was the guarantee. Feeling uneasy, I sent a detailed request along with Gary Pak's draft. To my surprise, she responded the very next day.

"Alright. Let's create a great piece together."

It was a brief yet clear response. The next day, I sent Gary Park's original script, followed by the Korean translation. A month later, I traveled to Korea to record the narration with Ye Su-Jeong and had such a wonderful experience. At our first meeting, she pulled out a document envelope. Inside, I found she had handwritten the entire script in pencil, her way of immersing herself in the role. There were question marks, indicating parts of the Korean translation she wanted to adjust to make it sound more natural. Her suggestions were so fitting and precise that I felt embarrassed for not

다'라고 번역한 것을, 선생님은 "하(한숨)…
힘들었지…" 이런 식으로 소화하셨다. 내 딴
에는 구어체 문장으로 번역한다고 했는데도,
연극 무대에서 살아 있는 대화를 구사해오신
분이 보기엔 여전히 딱딱하고 건조한 문장이
었던 것 같다. 이후 예수정 선생님은 〈하와이
연가〉 크레딧에 배우일 뿐만 아니라 각색자
로도 이름을 올리셨다.

providing such a script in the first place. For instance, there was a line that I translated as "It was a really tough time" but she delivered it as "Ha⋯ It was tough⋯" This showed that despite my efforts to use conversational language, it was incomparable to her extensive experience on stage. As a result, Ye Su-Jeong was credited not only as an actress but also as a co-adapter of *Songs of Love from Hawai'i*.

리처드 용재 오닐의 합류

리처드 용재 오닐은 한국에서 고유의 팬덤을 가진, 클래식 연주자지만, 그것이 그를 섭외한 이유는 아니다. 〈하와이 연가〉의 연주자를 선정하는 데 있어 첫 번째 기준은 인지도가 아니라 우리 이민사에 담긴 아름다움에 얼마나 공감하는지였다. 애초 〈하와이 연가〉의 제

작 목표는 '백만 관객 동원'이 아니라 '121년 이민사에 음악으로 바치는 헌사'였으므로, 진심을 다해 연주해 줄 연주자를 찾아야 했다.

리처드 용재 오닐은 할아버지 할머니 손에서 자랐다. 이분들은 전쟁고아였던 용재 오닐의

Having Richard Yongjae O'Neill on Board

Richard Yongjae O'Neill is one of the few classical musicians in Korea with a dedicated fanbase, but his selection for *Songs of Love from Hawai'i* was based not on popularity but on his profound connection to the beauty of our immigration history. The primary goal was not to attract a million viewers but to create a tribute to 121 years of immigration through music, making it essential to find a musician who would perform with genuine sincerity.

Richard Yongjae O'Neill was raised

어머니를 입양했고, 입양한 그 딸이 낳은 아들, 즉 용재 오닐이 음악에 소질이 있음을 알고 넉넉하지 않은 환경에서도 헌신적으로 뒷바라지했다. 할머니의 사랑을 기억하는 용재 오닐이라면, 임옥순의 스토리를 아름답게 구현할 수 있으리라 믿었다. 게다가 용재 오닐의 연주에는 그만의 특별한 감성이 있다. '섬집 아기'를 연주할 때의 용재 오닐은 따뜻하지만, 바흐나 슈베르트를 연주할 때의 용재 오닐은 깊이와 품위가 있다. 그래미상 수상 경력이나 줄리어드 음대 장학생 같은 이력은 없어도 그만인 장식에 불과하다.

이번에도 문제는 제작비였다. 나는 무작정, 그러나 진심을 담아 용재 오닐의 소셜 미디어로 메시지를 보냈다. 가끔 인터뷰에서 용재 오닐 섭외 비화를 이야기하면 어디서 그런 용기가 나왔는지 묻는데, 용기가 아니라 간절함이었던 것 같다.
메시지를 보낸 지 보름 정도 지났을까, 회신이 오기를 포기하고 다른 연주자 섭외에 들어가야지 싶었을 때 그에게서 답이 왔다.

"보내주신 〈하와이 연가〉 첫 번째 이야기를

보고 큰 감동을 받았습니다. 이그나스 장의 연주도 훌륭하고 한국인의 역사도 놀랍습니다. 아름다운 역사를 기록하는 당신의 일에 기꺼이 함께하고 싶습니다. 하지만 올해 연주 스케줄이 이미 결정되어 있어 하와이까지 갈 시간을 낼 수 있을지 모르겠습니다."

나는 '당신이 있는 곳이라면 그곳이 엘에이든

by his grandparents, who adopted his mother as a war orphan. Recognizing his musical talent, they devoted themselves to supporting him even with limited resources. I believed that O'Neill, who remembers his grandmother's love, could beautifully embody the story of Lim Ok Soon. His performance possesses a unique emotional depth—his rendition of Home Alone on an Isle radiates warmth, while his interpretations of Bach and Schubert exude elegance. His accolades, such as a Grammy Award and a Juilliard scholarship, are mere decorations compared to his artistry.

독일 어디 작은 마을이든 날아가겠다'고 답
했다. 하지만 스토리의 배경이 된 하와이에서
연주해 줄 수 있다면 물론 가장 좋을 것이라
고 덧붙였다.

며칠 후 그는 스케줄을 조정했다며 두 달 후
나흘 정도 시간을 낼 수 있을 것 같다고 했다.
그날로 바로 촬영일이 잡혔고, 게리 박 작가
가 쓴 원작의 각색 작업에 들어갔다.

두 달 후 리처드 용재 오닐은 정말 하와이로
왔고 임옥순의 삶을 음악을 통해 완벽하고도
아름답게 재구성해 주었다.

and look for other musicians, I finally received a response from him.

"I was deeply moved after watching the first story of *Songs of Love from Hawai'i*. Ignace Jang's performance was excellent and the history of Koreans is remarkable. I would be more than happy to join you in your work of recording this beautiful history. However, my performance schedule for this year is already set, so I'm not sure if I'll be able to find time to travel to Hawai'i."

I replied that I would fly anywhere he was, whether it be LA or a small town in Germany. However, I added that it would be best if he could perform in Hawai'i, where the story is set.

Once again, the issue was the production budget. I impulsively yet sincerely reached out to Yongjae O'Neill through social media. When I interview about the story of how I recruited him, people often ask where I found the courage, but it felt more like urgency than courage.

About two weeks after sending the message, just as I was about to give up

A few days later, he adjusted his schedule and said he could spare about four days in two months. That day, we set the filming date, and I started adapting Gary Pak's original script.

Two months later, Richard Yongjae O'Neill really came to Hawai'i and beautifully and perfectly reconstructed Lim Ok Soon's life through music.

'할머니의 놋그릇' 속 음악

'아름다움, 친숙함, 역사성' 이 세 가지를 고려해 세 곡을 선곡했다.

게리 박 작가에게 할머니가 즐겨 부르셨던 한국 노래가 있는지 물었을 때, 그는 할머니가 "듬뿍듬뿍 듬뿍 새~" 하는 노래를 불러주셨다며 흥얼거렸다. 한국어를

구사하지 못하는 그이지만 이 노래 가사는 정확하게 따라 불렀다. 목소리에 할머니에 대한 그리움이 진하게 배어 있었다. 당연하게도 '오빠 생각'은 '할머니의 놋그릇'의 주제곡이 되었다. 다른 두 곡, '대니 보이'와 '어메이징 아리랑'은 한국인 관객뿐 아니라 세계인의 마음에 닿고자 하는 바람을 담아 선곡하고 편곡했다. 두 곡의 탄생 배경과 메시지 또한 영화의 스토리와 잘 맞아떨어졌다.

그리고 어메이징 그레이스는 용재 오닐의 어머니와 할머니가 가장 좋아하는 곡이기도 하다.

The Music for My Halmeoni's Brass Bowl

I selected three songs considering 'beauty, familiarity, and historical significance.'
When I asked Gary Pak about his grandmother's favorite Korean song, he hummed a tune that went "Dumppuk Dumppuk Dumppuksae", recalling her singing it. Although he's not fluent in

Korean, he sang the lyrics perfectly with a voice filled with longing. Naturally, "Thinking of My Brother" became the theme song for My Halmeoni's Brass Bowl. The other two songs, "Danny Boy" and "Amazing Arirang", were selected and arranged to resonate with both Korean and global audiences. Their backgrounds and messages aligned beautifully with the film's story. Above all, Amazing Grace is Richard's grand mother and mother's favorite song.

중국 어머니
Chinese mother

일본 어머니
Japanese mother

필리핀 어머니
Filipino mother

©Hawai'i State Arch

하와이는 이민을 통해 다민족, 다인종 사회를 이루었다. 놀라운 것은 어떤 민족도 전체 인구의 1/4을 넘지 않는다는 것이다. 마치 일곱 가지 색이 조화를 이루어 하나의 아름다운 무지개를 빚어내는 것처럼 각기 다른 민족이 어우러져 살며 하와이라는 다문화 사회를 이루고 있다. 하와이주의 별명이 무지개주(Rainbow State)인 이유다. 사탕수수 산업이 성행했던 시절부터 여러 국가에서 온 노동자들이 모여 살았던 데 기인한다.

다문화 어린이들이 한자리에, 1940년경
Multicultural Children gather together, circa 1940

Hawai'i is a multiethnic, multiracial society shaped by immigration, where no single ethnicity exceeds one-fourth of the total population. Like how the seven colors blend to create a beautiful rainbow, different ethnic groups coexist and form the multicultural society of Hawai'i. This is why Hawai'i is known as the "Rainbow State," a nickname that originates from the era of the thriving sugarcane industry, which attracted workers from various countries.

녹음실에서

대본 여백에 빼곡히 적혀 있는 예수정 선생님의 메모. 어느 한 문장, 어느 한 글자도 허투루 다루지 않는 선생님을 보면서 나는 과연 이렇게 진심으로 내 일을 대하는지, 나의 일하는 자세를 돌아볼 수 있었다.

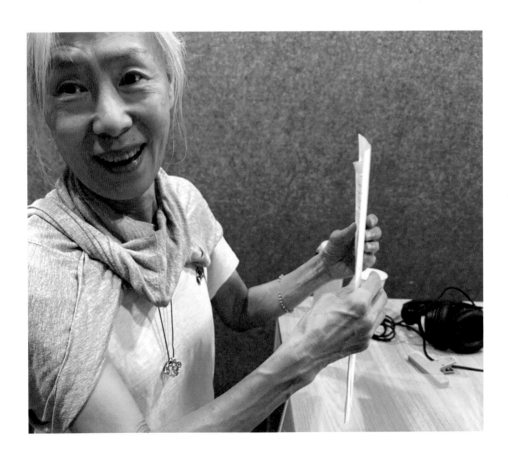

During the Recording

Script filled with actress Ye Su-Jeong's notes. Watching her treat every sentence and word with such care made me reflect on my own work ethic. I questioned whether I approached my work with the same level of sincerity and commitment.

이그나스 장은 연주자일 뿐 아니라 음악 감독으로 모든 연주자의 녹음 세션에 함께해 주었다. 리처드 용재 오닐의 녹음 현장에서 이기가 몇 가지 주관적인 제안을 했을 때 용재 오닐이 어떻게 받아들일지 내심 긴장했는데 용재 오닐 역시 열린 자세로 논의해 주고 제안을 받아들여 준 덕분에 지금의 음악—용재 오닐만의 '오빠 생각', 용재 오닐만의 '어메이징 아리랑'이 탄생할 수 있었다. 역시 고수들은 다르다!

왼쪽부터 리처드 용재 오닐, 이그나스 장, 2편의 피아니스트 조나던 코스와 함께.

With Richard Yongjai O'Neill, Ignace Jang, and the pianist of the Part 2 Jonathan Korth.

Ignace Jang was not only a performer but also the music director, participating in all the recording sessions. When Iggy made some subjective suggestions during the recording with Richard Yongjae O'Neill, I was anxious about how Yongjae O'Neill would take it. Fortunately, he was open to suggestions, resulting in his unique interpretations of 'Thinking of My Brother' and 'Amazing Arirang.' Truly, the pros are in a league of their own!

용재 오닐의 녹음 현장에서 이그나스 장,
피에르 그릴 음향 감독과.

At Richard's recording session with
Ignace and the sound engineer Pierre Grill.

용재 오닐 촬영 중에 어시스턴트
스티븐 조, 현장 프로듀서 미셸 구딘과.

On location with Stephen Cho, the
production assistant and Michelle
Goodin, the line producer for Part 2.

2편의 음악을 선정하며 리처드 용재 오닐에게도 의견을 구했다. 그의 어머니가 가장 좋아하시는 노래가 '어메이징 그레이스'라는 말에, 2편의 마지막 곡 '어메이징 아리랑'이 탄생할 수 있었다. 김정근 작곡가는 '어메이징 그레이스'와 '아리랑'을 현대적으로 재해석해 달라는 부탁에 재즈 느낌을 가미해 근사한 곡을 완성해 주었다. 후에 용재 오닐은 백악관에서 열리는 한미 정상회담에서 초청 연주를 하게 되었는데 이 곡을 사용해도 될지 물어왔다. 〈하와이 연가〉를 위해 제작한 음악이 영화 밖 세상에서 가치 있게 쓰이게 되어 반갑고 기뻤다.

임옥순 할머니를 위한 용재 오닐의 사려깊은 연주를 듣고 나니 이번엔 그의 할머니 이야기가 궁금해졌다.
인터뷰 결과는 **254쪽**에서 확인.

Setting up the interview with Richard. After enjoying his thoughtful performance for Lim Ok Soon, we wanted to hear him and his grandmother's story. Interview on **page on 254**.

We consulted Richard Yongjae O'Neil when selecting music for the second story. He shared that his mother's favorite song was 'Amazing Grace', which inspired the creation of the final track, 'Amazing Arirang'. Composer Junggun Kim blended 'Amazing Grace' with 'Arirang' in a modern way, adding a jazzy touch to create a beautiful arrangement. Later, O'Neill asked if he could use this piece during a performance at the White House for the Korea-U.S. summit. I was thrilled that the music created for *Songs of Love from Hawai'i* found a meaningful place beyond the film.

해리 김 전 빅아일랜드 시장. 사진신부
의 아들인 그는 한국계 최초로 미 시장
에 당선, 3선을 지냈다.

임옥순 할머니와 다른 듯 비슷한 삶을 산 여
인이 빅아일랜드에도 있었다. 임옥순 할머니
를 포함해 상당수 사진신부가 오아후섬 사탕
수수 노동자에게 시집을 간 것과 달리, 김야
물 할머니는 1918년, 열여덟 살에 빅아일랜
드로 시집을 갔다. 훗날 할머니의 막내아들은
한인 최초 미주 시장이 되었다.

해리 김 전 빅 아일랜드 시장님을 따라 김야
물 할머니의 묘소를 찾았을 때, 한국인 이름
의 비석 둘이 나란히 보였다. 김야물 할머니
의 사진신부 친구들로, 죽어서도 함께하자고
약속했다고 한다. 그리고 그들은 정말로 나
란히 잠들어 있었다. 십 대 때 부모 품을 떠나
말도 통하지 않는 이국땅에서 새 삶을 개척한
이 여성에게 서로는 어떤 존재였을까?

There was another woman on Big Island
whose life closely mirrored that of Lim
Ok Soon. Her name was Kim Yamul.
Unlike most picture brides who married
sugarcane workers on Oahu, Kim Yamul
married and moved to Big Island in 1918
at the age of 18. Her youngest son, Harry
Kim, became the first Korean American
mayor in the U.S. When visiting her
grave, we saw two tombstones with
Korean names side by side—her fellow
picture brides, with whom she had
promised to be together even after death.
What might these three women have
meant to each other, having left their
parents' arms as teenagers to build new
lives in a foreign land where they didn't
even speak the language?

하와이 연가

SONGS OF LOVE FROM HAWAI'I

세 번째 이야기: 칼라우파파의 눈물

Third Story: For Our Cherished Ancestors

하와이의 '소록도'라 불리는 곳, 칼라우파파에 세계적인 바이올리니스트 김지연과 이그나스 장, 슬랙키 기타리스트 케올라 비머가 모였다. 세 뮤지션이 한마음으로 자아낸 선율이 칼라우파파의 산과 바다에 울려 퍼진다. 음악이 건네는 위로와 치유는 100년의 시간을 훌쩍 뛰어넘는다.

테마: 하와이의 '소록도'라 불리는 곳에 격리된 채 쓸쓸한 죽음을 맞이한 한인 선조들 영정에 바치는 진혼곡, 그리고 그곳에서 피어난 사랑과 희망의 서사

연주: Chee-Yun(김지연, 바이올리니스트), Ignace Jang(이그나스 장, 바이올리니스트), Keola Beamer(케올라 비머, 기타리스트)

연주곡: 저 구름 따라 집으로, 알로하 오에(Aloha Oe)

Theme: A requiem dedicated to the Korean ancestors who faced a lonely death at a place called the 'Sorok Island' of Hawai'i. It tells a story of love and hope that blossomed there.

Performance by: Chee-Yun (Violinist), Ignace Jang (Violinist), Keola Beamer (Guitarist)

Music: Going Home Where the Clouds Float Away, Aloha Oe

World-renowned violinists Chee-Yun, Ignace Jang, and slack-key guitarist Keola Beamer gathered in Kalaupapa. Their music, filled with emotion and grace, echoed through the mountains and seas of Kalaupapa. The healing and comfort brought by their melodies transcend a century and soothe the spirits of those who once lived there.

Mālama Ko Aloha

어릴 적 어머니는 저에게 자주 말씀하셨어요.
'말라마, 코올라우 알로하', 사랑을 소중히 여겨야 한다고요.

―――――――

When I was a little boy, my mom always remind me,
'Mālama kō aloha', which means, cherish your love.

'알로하'는 평화, 사랑, 용서를 의미합니다.

Aloha means peace, love, and forgiveness.

[제작노트 #3] 2023년 3월 3일

세 번째 이야기:
'칼라우파파의 눈물'을 시작하며

칼라우파파 이야기를 해야겠다고 다짐한 건 언젠가 읽은 책 속의 다음 문장 때문이었다.

> '1917년 5월, 30세의 나이로 죽은 김 모 씨의 사망 진단서에 적힌 그의 사인은 '심부전증'인데 '미친 증세'도 한몫했다고 적혀 있다. 그가 칼라우파파에 갇혀 있으면서 외로워 미쳐 죽어갔음을 상상할 수 있다. 54세의 또 다른 한국인은 같은 해에 익사했다. 자살한 것이다…'
>
> 〈하와이 이민 100년, 그들은 어떻게 살았나?〉
> (이덕희 저) 중에서

하와이에 한센병 집단 거류지가 있었다는 것도 놀라운데, 그곳에 한국인이 있었다니, 말도 안 통하는 곳에서 평생 고립된 채 살아야 했다니….

그 문장 하나를 들고 하와이 역사 자료원을 찾았을 때 나를 맞아준 사서 님은 칼라우파파에서 살았던 한국인의 발자취를 찾으려면 칼라우파파 진료 기록 보고서(Medical Examination Record)를 열람해 보라고 조언했다. 당시 한센병 진단을 받은 사람들은 곧바로 칼라우파파로 격리되었기 때문에 의료 기록이 곧 칼라우파파 입소 기록이라는 것이었다. 그 후 나는 시간이 날 때마다 그곳에 가서 칼라우파파로 떠난 한국인의 이야기를 만났다.

1866년부터 1969년 한센병자 격리법이 폐지될 때까지 약 103년 동안 칼라우파파에 격리되어 살았던 이들은 모두 8천여 명이고, 그 중 '한국인'으로 분류된 이들은 모두 쉰일곱 명…. Lee, Kim, Park…. 익숙한 한국 성씨가 희미해진 연필 자국으로 남아 있었다. 호놀룰루 7번 항에 대한민국의 첫 공식 이민자 그룹 102명이 도착한 지 3년 후, 칼라우파파에 첫 한국인이 입소했다.

1906년 9월 8일에 들어온 한국인 이민자 진춘옥은 영어를 못한다. 그는 나병이 '의심되는' 환자로 칼라우파파에 보내졌다.

Beginning the Third Story:
For Our Cherished Ancestors

I decided to tell the story of Kalaupapa after reading this moving excerpt from a book:

> 'In May 1917, Mr. Kim, aged 30, experienced heart failure exacerbated by mental instability. Hansen's Disease led to his isolation and potential loneliness, possibly contributing to his demise. In the same year, a 54-year-old Korean patient likely died by drowning, possibly due to suicide.
>
> From *Hawai'i Immigration 100 Years: How Did They Live?* By Dukhee Lee Murabayashi

It was already surprising to learn that Hawai'i had a leprosy settlement, but discovering that Koreans lived there as well was even more shocking. How hard would've been to live isolated in a place where they couldn't even communicate in their own language···.

When I visited the Hawai'i State Archives with this passage in hand, a librarian suggested looking into the Medical Examination Record to trace Korean individuals who had lived in Kalaupapa. Those medical records also served as admission documents since those diagnosed with leprosy were immediately sent to Kalaupapa. I searched through those records whenever we had time, uncovering stories of Koreans sent to Kalaupapa.

Between 1866 and 1969, until the law enforcing the isolation of leprosy patients was abolished, approximately 8,000 people were confined to Kalaupapa. Of those, 57 were classified as Korean. Familiar surnames like Lee, Kim, and Park were faintly recorded in pencil. Just three years after the group of 102 Korean immigrants arrived in Honolulu's port, the first Korean was sent to Kalaupapa.

Chin Chun Yok, admitted on September 8, 1906. He was unable to speak English. He

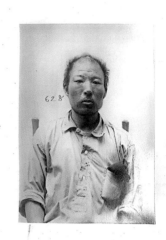

GOVERNMENT HOSPITAL FOR LEPERS
KALIHI, HONOLULU, HAWAII

Case No. 628
Name Shin Chun Yok
Date Oct. 30·1906
Age 30 years?

칼라우파파로 추방된 한국인
이민자 '진춘옥'

충격적인 건 그가 한센병 진단을 받은 게 아
니라는 사실이다. 단순 고열일 수도 있고 사
탕수수 농장주의 미움을 샀을 수도 있다. 그
가 영어가 아닌 한국어로 스스로를 변호할 수
있었더라면 상황이 달라졌을까? 생지옥으로
불리던 곳에 끌려가지 않고 사탕수수밭 동료
노동자들처럼 열심히 일해 번 돈으로 하와이
에서 새로운 인생을 살 수 있지 않았을까? 같
은 시기에 하와이에 온 동년배 청년 안원규처
럼 조국의 독립운동에 앞장설 수 있지 않았을
까…?

김춘석이라는 청년의 삶도 가슴 아프게 다가
왔다. 1913년 칼라우파파로 끌려온 것으로 기
록된 그의 이름은 하와이의 한인 이민자 명부
에서도 찾을 수 있었다. 김춘석은 1904년, 한
국으로의 공식 이민이 시작된 지 두 해째 하
와이에 왔다. 20대 초반, 조선 땅에서 하와이
라는 낯선 곳으로 떠날 때 김춘석은 아내와
함께였다. 젊은 부부는 어떤 꿈을 품고 정든
고향을 등졌을까? 김춘석이 하와이 생활 9년

만에 한센병 진단을 받고 칼라우파파로 강제
추방되었을 때, 칼라우파파로 향하는 배에서
그는 어떤 심정이었을까? 하와이 사탕수수밭
에 남겨둔 아내를 떠올렸을까, 다시 보지 못
할 고향 풍경을 떠올렸을까? 칼라우파파에
도착한 지 14년, 마흔다섯의 나이에 죽음의
문턱에 이르렀을 때 그는 끝내 평안을 찾은
후였을까, 아니면 마지막 순간까지도 고통 속
에 몸부림쳤을까…?

나는 언젠가 꼭 칼라우파파에 가리라 마음먹
었다. 나의 오래된 첼로를 가져가 '고향의 봄'
같은 정겨운 우리 음악을 마음을 다해 연주하
고 싶었다. 김춘석을 포함해 그곳에서 외롭게
생을 마감한 이들이 음악을 통해서나마 고향
을 만날 수 있도록….

was exiled to Kalaupapa as a 'suspected leper.'

Shockingly, he hadn't even been diagnosed with the disease at all. Perhaps it was just a fever, or he had angered a plantation owner. If he had been able to defend himself in Korean, would his life have been different? Could he have avoided being sent to the so-called 'living hell?' Instead, he could have worked hard like his fellow laborers in the sugarcane fields and built a new life in Hawai'i. Perhaps, like Ahn Won-kyu, who arrived in Hawai'i around the same time, he might have even contributed to the independence movement for Korea….

Kim Chun Siuk's life also touched me deeply. I found him listed in the Korean immigrant registry where it said he was sent to Kalaupapa in 1913. He arrived in Hawai'i in 1904, just two years after official immigration began. In his early twenties, he left Korea with his wife, heading to a foreign land with dreams of starting a new life. What must have been going through his mind as he was diagnosed with leprosy and exiled to Kalaupapa after nine years in Hawai'i? Did he think of the wife he left behind in the sugarcane fields or the homeland he would never see again? Did he miss his mother? When he reached the end of his life at 45, after 14 years in Kalaupapa, did he finally find peace? Or was he tormented to the end?

I vowed to visit Kalaupapa one day with my old cello and play familiar Korean songs like 'Spring in My Hometown' with all my heart. Through music, I hoped those who passed away there, including Kim Chun Siuk, could feel a sense of home once again….

역사적 배경

1848년, 하와이에서 처음으로 한센병('나병'이란 말에는 차별적인 의미가 내포되어 있어 이제는 잘 쓰지 않는다)이 발병했다. 병은 무서운 속도로 번졌다. 하와이 왕국은 환자들을 격리하기로 결정하고 강제 수용지로 칼라우파파 반도를 선택한다. 깎아지른 듯한 절벽에 의해 세상과 완전히 고립되어 있을 뿐 아니라 땅이 비옥해 환자들이 자급자족하며 살아가기에 완벽한 장소로 여겼기 때문이다.

1866년, 카메하메하 왕이 격리법을 시행하면서 한센병 진단을 받은 환자들은 칼라우파파 반도에 버려졌다. 그 어떤 편의 시설도, 돌봐줄 이도 없었다. 환자들이 독립적으로 생활할 수 있으리라던 당국의 예상과는 달리 환자들은 병들고 약해 그곳에서의 삶을 견뎌내지 못했고 극심한 고통으로 죽음을 맞이했다.

시간이 지나서 1873년, 벨기에 출신의 데미안 가톨릭 신부는 7백여 명의 환자가 칼라우파파에서 고통을 겪고 있다는 소식을 듣고 두 명의 동료와 함께 그곳으로 들어가 집과 교회, 각종 시설을 짓고 환자들을 위해 봉사한다. 덕분에 공동체의 생활은 점점 개선되었지만 데미안 신부는 결국 나병에 걸려 1889년 칼라우파파에서 사망했다. 그는 후에 가톨릭 교회에서 성인으로 시성되었다. 치료법이 개발됨에 따라 1969년 칼라우파파로의 격리 명령이 해제되었고, 오늘날 칼라우파파는 한센병을 겪은 사람들의 역사를 보존하는 국립 역사 공원으로 남아 있다.

Historical Context

In 1848, Hansen's disease(formerly called leprosy, now rarely used due to its stigma) was first recorded in Hawai'i and spread quickly. The Kingdom of Hawai'i chose the Kalaupapa Peninsula as a quarantine site because it was isolated by cliffs and had fertile land for self-sufficiency.

In 1873, Father Damien, a Catholic missionary, heard of the suffering of over 700 patients and went to Kalaupapa with two colleagues. They built homes, churches, and other essential facilities while caring for the patients. Thanks to their efforts, the community gradually improved. Father Damien eventually contracted the disease and died in 1889. He was later canonized by the Catholic Church for his selfless work.

As treatments were developed, Kalaupapa's quarantine was lifted in 1969. Today, Kalaupapa is preserved as a National Historical Park, dedicated to the memory of those who lived and suffered from Hansen's disease.

'칼라우파파 프로젝트'에 착수하다

그 후 몇 년이 지나 〈하와이 연가〉를 기획하게 됐을 때 칼라우파파 이야기가 자연스레 떠올랐다. 나의 서툰 연주가 아니라, 음악가들의 아름다운 연주로 칼라우파파의 영혼을 위로할 수 있다면 얼마나 좋을까?

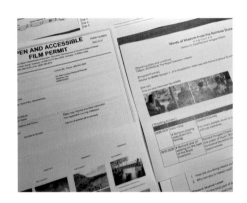

1단계: 촬영 허가 신청

수많은 제작 지원 공모의 문을 두드린 결과 드디어 3편의 촬영에 착수할 만큼의 제작비를 확보했을 때 가장 먼저 한 일은 칼라우파파 역사 국립 공원에 촬영 허가를 신청한 것이다. 모든 게 느린 하와이는 촬영 허가를 받는 데 어떨 때는 몇 개월이 걸리기 때문에 촬영이 결정되면 허가부터 신청해야 한다. 게다가 칼라우파파는 촬영은커녕 일반인의 입장이 제한된 곳이라 단순 방문이라도 허가 절차를 밟아야 하는데, 심지어 코로나가 시작되고 나서는 일반인 방문마저 금지된 터였다. 나는 불가능을 꿈꾸고 있는 것일까?
김춘석 할아버지, 잘되게 도와주세요!

2단계: 촬영 팀을 꾸리다

촬영 팀을 꾸리려면 먼저 좋은 촬영 감독을 찾아야 한다. 촬영 감독은 조명과 음향 인력과 팀을 이뤄 일하는 경우가 많기 때문에 촬영 감독을 찾으면 그다음도 술술 풀리게 마련이다. 물론 내가 사는 오아후섬에는 오래 호흡을 맞춘 촬영 감독이 여럿 있었지만, 이번 프로젝트에는 몰로카이, 그중에서도 칼라우파파 촬영 경험이 있는 감독이 필요했다. 좋은 촬영은 좋은 로케이션을 알아보는 눈에서 시작하고, 좋은 촬영 감독이라면 각본에 맞는 장소를 추천하는 걸 넘어 현지 지형에 익숙해 하루 중 비가 자주 내리는 시간과 지역을 피해 촬영 동선을 제안해줄 수 있어야 한다. (물론 이런 일을 전문적으로 하는 '로케이션 매니저'라는 직종이 엄연히 있다. 하지만 로케이션 매니저를 고용할 수 있는 예산으로 작업할 날이… 과연 내 생전에 올 것인가?!!)

Starting the 'Kalaupapa Project'

Years later, when I began planning *Songs of Love from Hawai'i*, the story of Kalaupapa naturally came to mind. I thought, how wonderful it would be to go to Kalaupapa with musicians who could deliver beautiful performances that could comfort the souls of those who once lived there?

Step 1: Applying for Filming Permission

After knocking on the doors of numerous production support contests, I finally secured enough funds to begin filming all three parts of the film. The first thing I did was apply for filming permission at Kalaupapa National Historical Park. In Hawai'i, where everything moves slowly, getting permits can take up to months. Especially since Kalaupapa restricts public access, even a simple visit requires authorization. With the added challenge of COVID-19, even regular visits were banned. Was I dreaming of the impossible?

Grandfather Kim Choon-seok, please help us!

Step 2: Assembling the Filming Crew

The most important part of assembling a crew is finding a good director of photography (DP). A DP often brings their own team of lighting and sound personnel, so once you have a DP, things generally fall into place. Though there were several DPs I had worked with in Oahu, I needed someone with experience in filming at Kalaupapa, Molokai for this project. Good cinematography starts with recognizing great locations, and a skilled DP not only suggests suitable spots but also understands the local terrain, avoiding rain-prone areas and timing. (Of course, there's a profession called 'location manager', but will there ever be

영화감독 맷 야마시타는 몰로카이 출신으로 에미상을 수상한 로컬 셀러브리티다. 그에게 촬영 감독 추천을 부탁했다. 맷은 제작비 예산이 얼마나 있는지 물었다. 나는 솔직히 답했다. 확보된 예산은 천만 원뿐이지만 당신의 고향인 몰로카이섬에서 사그라져 간 영혼을 위로하는 프로젝트에 함께해 달라고, 잊혀가는 이야기를 함께 정성을 다해 기록하자고 설득했다. 그는 며칠만 생각해보겠다고 하더니 연락이 없었다. 촬영 허가를 신청한 지 한 달이 다 되어가건만 칼라우파파 국립공원 쪽도 깜깜무소식이었다.

a day, in my lifetime, when I can work with a budget that allows me to hire one?!!)

Filmmaker Matt Yamashita, a Molokai native and Emmy Award winner, is a local celebrity. I asked him to recommend a DP. He asked how much budget we had. I was honest—we only had around 10 million won—but I persuaded him to join the project to honor the spirits of Molokai and help record these forgotten stories. He said he'd think about it for a few days but never got back to me. It had been nearly a month since we applied for the permit from Kalaupapa National Park, and we still hadn't heard anything.

3단계: 연주자 섭외-
구세주의 출현!

맷의 연락을 기다리면서 1편의 주인공이자 친구인 이그나스 장에게 연락했다. "이기, '칼라우파파' 알아요? 〈하와이 연가〉 3편은 그곳의 이야기를 하고 싶어요. 그리고 이번엔 당신 혼자가 아니라 하와이 출신 뮤지션도 함께 했으면 해요. 기타나 우쿨렐레 연주자로 추천할 만한 분이 있나요?"

"우선, 칼라우파파는 가고 싶다고 갈 수 있는 곳이 아니란 건 알고 있죠? 존경받는 하와이 뮤지션이라면, 케올라 비머죠 무조건." 하와이에서 유년 시절을 보냈다면 그의 목소리를 모르는 이가 없다고 이기는 말했다. 하와이 전통 악기인 하와이안 슬랙키 기타리스트이면서 가수이기도 한 케올라 비머 씨는 왕년에 동생과 함께 엄청난 인기를 누렸는데, 특히 매년 성탄절 시즌이면 호놀룰루시 전역에 그가 부른 하와이 캐럴 'Honolulu City Light'가 울려 퍼지기 때문이라고 했다.

인품도 훌륭하다고 했다. 사진을 찾아보니 정말 인자한 산타 할아버지 인상으로, 말만 잘하면 도와주실 것 같았다.

어렵게 연락이 닿아 마침내 줌 회의를 통해

비머 씨와 마주했을 때, 그는 촬영에 대한 질문이 아니라 내가 언제 하와이로 이민을 왔으며 이런 프로젝트를 왜 하려고 하는지 물었다. 과거 칼라우파파 환자의 상당수는 하와이 원주민이었다. 나는 하와이 원주민의 후손인 케올라 비머 씨가 우리 한국인 연주자들을 음악으로 이끌어준다면, 방문자가 아닌 가족과 친구로서 그분들의 영혼을 기릴 수 있을 것이라 믿었다. 낯선 칼라우파파에 들어가는 게 왠지 좀 무섭기도 하다고, 감독이 아니라 손녀딸 콘셉트로 솔직히 실토했다.

가만히 듣고 있던 그는 칼라우파파에 대해 얼마나 아는지 물었다. 그는 내가 알지 못했던 칼라우파파에 관한 여러 이야기를 들려주었다. 한센병에 걸린 걸 알고 가족과 카우아이 섬으로 도주했다가 일 년도 채 되지 않아 당

Step 3: Securing Musicians-
The Savior Appears!

While waiting for Matt's response, I reached out to Ignace Jang, the main musician in part one and a friend of mine. "Iggy, do you know about Kalaupapa? I want the third part of *Songs of Love from Hawai'i* to tell its story. This time, I'd love to have a local Hawaiian musician join us—any recommendations for a guitarist or ukulele player?"

"First off, you know Kalaupapa isn't somewhere you can just visit, right? As for a respected Hawaiian musician, Keola Beamer, no question," Iggy replied. He mentioned that anyone who spent their childhood in Hawai'i would know Beamer's voice. Keola Beamer, a master of Hawaiian slack-key guitar and a singer, was once extremely popular, especially during the Christmas season when his Hawaiian carol, Honolulu City Lights, would play across Honolulu. Iggy also praised his character, saying he was known for his kindness. When I searched for his photos, I thought he looked like a

kind-hearted Santa Claus.

After much effort, I finally contacted Mr. Beamer via Zoom. He didn't ask about the filming itself, but rather when I had moved to Hawai'i and why I was pursuing this project. Many of Kalaupapa's former residents were Native Hawaiians. I explained that if Keola Beamer, as a descendent of Native Hawaiians, could guide our Korean musicians through this project with his music, we could honor those souls not as visitors but as family and friends. I also confessed that I was a bit scared to enter Kalaupapa, saying more like a granddaughter than a director.

After listening quietly, he asked me how much I knew about Kalaupapa. He shared several stories I hadn't known—about a man who, after learning he had Hansen's disease, fled to Kaua'i with his family but was captured and executed within a year, and about people who were exiled

국에 붙잡혀 죽임을 당한 남자의 이야기를 했고, 정치 보복으로 칼라우파파로 쫓겨나 외롭게 죽어간 사람의 이야기를 해주었다. 한 많은 삶과 인간의 운명에 대해, 제작 회의라기보다는 영적인 대화에 가까웠던 한 시간의 이야기 끝에 그는 함께해 주겠노라고 답했다. 그리고 촬영이 준비되면 연락을 달라는 말뿐, 어떤 조건도 달지 않았다.

반복되는 거절과 무응답, 불투명한 제작의 미래 속에 힘이 빠져있던 중 케올라 씨의 합류로 힘을 얻은 나는 자못 거만한 말투로 맷에게 이메일을 보냈다. "맷, 당신 케올라 비머 알죠? 그분이 같이 해주신대요. 칼라우파파에서 연주하실 거라구요. 합류하려면 지금이 마지막 기회니까 얼른 연락 주세요."

휴대폰 벨이 울렸다.
"케올라 비머라구요?"

케올라 비머 씨는 산타 할아버지 같은 인상이 아니라, 정말 산타 할아버지였다. 선물을 가득 싣고 내 앞에 나타난 산타 할아버지. 그의 합류 소식에 맷은 촬영 감독이 아니라 본인이 직접 촬영을 할 것이며, 제2 카메라 감독까지

섭외 가능하다고 했다. 그는 비머 씨가 함께한다는 내용을 포함한 촬영 허가 신청서를 칼라우파파 국립 공원에 다시 보내라고 일러주었다. 아니나 다를까, 그렇게 했더니 정말 며칠 안에 허가증이 나왔다. 케올라 비머라는 이름이 하와이에서 가진 무게를 몰랐던 나는 조금은 어리둥절한 채로 다짐했다. 지금 이 호의를 소중히 가꾸어 더 큰 선물로 모두에게 보답하겠다고.

to Kalaupapa as political prisoners and died alone. It was more of a spiritual conversation than a production meeting. By the end of the hour-long discussion, he agreed to join the project without any conditions. He simply asked me to contact him once the filming was ready.

While feeling drained by repeated rejections, unanswered messages, and an uncertain future for the project, Keola's involvement gave me strength. With newfound confidence, I sent a somewhat bold email to Matt: "Matt, you know Keola Beamer, right? He's on board and will be performing at Kalaupapa. If you want to join, now's the time!"

The phone rang.

"Are you talking about the Keola Beamer?"

Keola wasn't just like Santa Claus — he was Santa Claus, showing up before me with a sleigh full of gifts.

Upon hearing the news of Keola Beamer's participation, Matt said he would not only be filming himself, but also can bring on a second camera man. He instructed me to resend the filming permit application to Kalaupapa National Historical Park, including the fact that Keola Beamer would be joining us. Sure enough, within a few days, the permit arrived. Unaware of the weight the name Keola Beamer carried in Hawaiʻi, I resolved to cherish this kindness and repay everyone with an even greater gift.

그리고 월클 뮤지션의 합류

바이올리니스트 김지연에 대한 최초의 기억
은 1993년으로 거슬러 올라간다. 가족이 함
께 보던 저녁 뉴스에 클린턴 전 대통령의 초
청으로 백악관에서 바이올린 연주를 했다는
한국인 바이올리니스트가 나왔는데, 어린 내
눈에도 얼마나 당차고 예쁘던지 마치 다른 세
상의 사람처럼 보였다.

그녀를 실제로 만난 건 그로부터 10년 후, 내
가 하와이에 와서 기자로 일하고 있었을 때
다. 하와이 심포니 오케스트라의 초청으로 협
연 무대를 갖기 위해 김지연 씨가 하와이를

찾은 것이다. 지금이야 우리나라 출신의 클래
식 연주자들의 활약이 대단하지만, 그때만 해
도 하와이 심포니의 초청을 받는 한국인 연주
자는 손에 꼽을 정도였다. 빨간 드레스에 환
한 미소를 띤 채 무대 중앙으로 걸어 나온 그
녀에게 수백 명의 시선이 쏠렸다.

그녀의 연주는 압도적이었다. 금방이라도 울
어버릴 듯한 슬픔과 환희에 찬 기쁨을 자유
자재로 넘나들며 활이 아니라 마음으로, 심장
으로 연주했다. 연주가 끝나자, 하와이 관중
은 기립박수로 화답했다. 연주회 다음 날, 인

A World-class Musician Joins

My earliest memory of violinist Chee-yun dates back to 1993. While my family was watching the evening news, a Korean violinist appeared at the White House at the invitation of former President Clinton. Even as a child, I found her demeanor and beauty striking; she seemed like a person from another world.

I first met her ten years later when I was working as a journalist in Hawai'i. Chee-yun came to Hawai'i to perform at the invitation of the Hawai'i Symphony Orchestra. While many classical musicians from Korea shine today, back then, very few Korean artists received invitations from the Hawai'i Symphony. As she walked onto the stage in a red dress with a bright smile, hundreds of eyes turned toward her. Her performance was overwhelming, effortlessly shifting between sorrow and joy as if playing not with her bow but with her heart. When the concert ended, the audience responded

터뷰 자리에서 어제 관중의 반응을 보았냐고, 그렇게 많은 이들에게 행복을 주는 일을 하니 참 좋겠다고 했을 때, 그녀가 두 눈을 동그랗게 뜨고 이렇게 반문했던 것을 기억한다. "전 그냥 제가 좋아서 하는 일인데 좋아해 주시니 제가 너무 감사하죠. 생각해 보세요. 그렇지 않겠어요?" 천진난만하게 웃는 그녀를 보며 음악을 진정 사랑하고 있음을 느꼈다. 그 후 지금까지 십 년 넘게 바이올리니스트 김지연이 아니라 인간 김지연과의 인연을 이어가며 그녀 연주가 특별한 이유를 깨닫게 되었는데, 그건 바로 그녀는 내가 아는 그 누구보다 솔직하고 순수한 사람이기 때문이다. 기쁨과 슬픔을 감출 줄 모르고 입에 발린 말을 하는 법이 없다. 그런 성향이 음악에도 그대로 투영되기에 인간사 다양하고도 복잡한 감정을 음악을 통해 순도 높게 빚어낼 수 있었던 게 아닐까.

같은 이유로, '음악을 통해 헌사'를 한다고 했을 때 김지연 씨가 함께해 주기를 간절히 바랐다. 다만 그녀를 초대하려면 예산은 둘째치고 감독으로서 내가 할 수 있는 것을 보여주어야 했다. 이그나스 장의 연주가 빛나는 첫 번째 이야기, 용재 오닐의 연주가 돋보이는 두 번째

이야기의 가편집본이 완성되었을 시점, 김지연 씨에게 연락했다. 열세 살 때 줄리어드 음대 진학을 위해 미국으로 가 역시 이민자의 신분으로 살아온 그녀는 이민 역사 속 사랑의 메시지를 전하고 싶다는 바람에 진심으로 공감해 주었다. 예산은 얼마 없고 촬영 환경도 열악할 것이지만, 반드시 당신의 연주가 아름답게 쓰임 받게 하겠다고 약속했다. 며칠 후, 김지연 씨는 스케줄을 조정했으며 하와이에서 4박 5일의 시간을 함께하겠다는 답을 보내주었다. 김지연과 이그나스 장, 그리고 케올라 비머가 만드는 천상의 선율이 칼라우파파 자연의 일부가 될 날이 다가오고 있었다. 김춘석 할아버지, 조금만 더 기다려주세요.

with a standing ovation. During an interview the next day, when I asked if she saw the audience's reaction and commented on how rewarding it must be to bring happiness to so many, she opened her eyes wide and replied, "I'm just doing what I love, and I'm grateful that others appreciate it. Think about it, isn't that true?" Seeing her smile, I felt her genuine love for music. Over the past ten years, I've continued to connect with Chee-yun, not just as a violinist but as a person, realizing that her uniqueness lies in her honesty and purity. She expresses joy and sadness without pretense, which is reflected in her music. I think this transparency allows her to convey the complex emotions of humanity through her art.

For the same reason, I eagerly hoped Chee-yun would join when I mentioned making 'tributes through music.' However, to invite her, I needed to demonstrate what I could achieve as a director, regardless of the budget. At the point when the rough edits of the first story featuring Ignace Jang and the second story with Yongjae O'Neill were completed, I reached out to her. Having immigrated to the U.S. at thirteen to attend Juilliard, she sincerely resonated with my desire to convey a message of love through immigrant history. I promised her that despite the limited budget and challenging filming conditions, her performance would be beautifully contributed. A few days later, she adjusted her schedule to spend four nights and five days in Hawai'i. The day when Chee-yun, Ignace Jang, and Keola Beamer's heavenly melodies would become part of the natural beauty of Kalaupapa was drawing near. "Grandpa Kim Chun-siuk, please wait for us."

4단계: 자료 조사 - 절망과 고난, 그러나 사랑과 희망의 이야기

연주자 섭외가 이루어진 후엔 본격적인 촬영 구성안 작성에 들어갔다. 칼라우파파에 관한 자료가 많지 않아 처음엔 좀 애를 먹었지만 늘 그렇듯 조사가 궤도에 오르자 유의미한 자료가 곳곳에서 나왔다. 그런데 칼라우파파 역사에 예기치 않은 반전이 있었다. 그동안의 얕은 지식으로 칼라우파파는 당연히 비극적인 이야기가 될 거로 생각하고 구성안을 짜 갔는데, 자료를 찾을수록 칼라우파파 사람들이 나름대로 사랑과 희망을 일구어간 흔적이 보였다. 버려졌기 때문에 서글픈 삶을 살았을 것이라고, 죽지 못해 꾸역꾸역 버티듯 살았을 것이라는 나의 생각은 얼마나 편협하고 오만했던가. 1937년 고려인 17만 명이 중앙아시아의 척박한 지역으로, 강제로 이주당했지만 낯설고 물선 곳에서 살아남아 자신들만의 고유한 세상을 이루어낸 것처럼, 칼라우파파로 쫓겨난 사람들도 그들만의 새로운 삶을 꾸렸다. 어떠한 절망 속에서도 피어날 수 있는 인간 정신의 아름다움, 사랑과 연대의 이야기를 하는 것으로 구성안의 방향이 완전히 바뀌게 되었다.

칼라우파파는 정말 많은 스토리가 있다. 자료를 보면서 울기도 하고 웃기도 했다. 여러 사정으로 영화에는 미처 담지 못했지만 오래 시선이 머물렀던 사진 몇 점을 소개한다.

Source_Hawai'i State Archives

1903년 9월 11일, 24세 해티 케카이의 칼라우파파 입소 기록 사진. 칼라우파파로 떠나는 날, 가족과 친구들이 호놀룰루 항구에 나왔다. 다시는 그녀를 볼 수 없을 것임을 알았기에 그들은 케카이에게 마지막으로 레이를 건네며 알로하의 마음을 전했다.

September 11, 1903-Clinical photograph of 24-year-old Hattie Kekai, alias Kamakanui, wearing lei. On the day of her departure to Kalaupapa, family and friends gathered at Honolulu Harbor. Knowing they would never see her again, they presented Kekai with a lei as a final gesture of aloha.

Source: Ili Nā Ho'omana'o o Kalaupapa

서로 이발을 해주는 칼라우파파 주민들. 1986년, 칼라우파파.

Kenso Seki gives John Cambra a haircut with Herbert Hayase looking on, Kalaupapa, 1986. WL p.

Stage 4: Research-A Story of Despair and Hardship, Yet With Love and Hope

John Kaona crafting dolphin pendants from seedpods of the sandbox tree, Kalaupapa, 1986. WL

John Kaona taught me how to play the guitar. He was a good instructor. So we started playing music and we started forming our group, the Kikanias. John was a policeman and he was always taking us down to the beach to go spear fishing. He's a good fisherman too. He taught us a lot.

EDWIN LELEPALI

Source_Ili Nā Hoʻomanaʻo o Kalaupapa

"존 카오나 씨는 저에게 기타를 가르쳐 주셨어요. 곧 함께 음악을 연주하기 시작했고, '키카니아스'라는 밴드도 결성했죠."

"John Kaona taught me how to play the guitar. We started playing music and we started forming our group the Kikanias."

After securing the performers, I began drafting the filming proposal. Initially, I struggled due to the limited resources on Kalaupapa, but as my research progressed, meaningful information emerged. I had assumed Kalaupapa's history would be solely tragic, but the more I searched, the more I found traces of love and hope among its people. My belief that their lives must have been sorrowful because they were abandoned, and that they merely endured without hope, now feels so narrow-minded and arrogant. Just as 170,000 Koreans thrived in Central Asia despite their forced relocation in 1937, those exiled to Kalaupapa forged new lives amid despair. The direction of the proposal shifted drastically to reflect the beauty of the human spirit, even in adversity, with love and solidarity.

Kalaupapa has countless stories. As I reviewed the materials, I found myself both laughing and crying. While I couldn't include everything in the film, I want to share a few photographs that lingered in my mind.

Source_ An Archive of Skin, An Archive of Kin

FIGURE 64. "Lions Presenting Flowers—Mother's Day '36." Page 19-1, Edward Kato Album 6. Edward Kato Papers, KALA 17804. Courtesy of Kalaupapa National Historical Park.

1956년 어머니의 날, 남성 환자들이 칼라우파파의 여성 주민들에게 꽃다발을 선물했다. 이 여성들은 자식을 만날 수 없는 어머니들이었다.

Mother's Day, 1956. Male patients presented bouquets of flowers to the women residents of Kalaupapa. These women were mothers who could no longer see their children.

66

매일 밤 잠자리에 들 때면 늘 같은 기도를 합니다.

내 삶의 동반자이신 하나님께,
저를 보호하시고, 더 나은 사람이 되게 해달라고
기도합니다.

누구도 미워하지 않고,
모두를 좋아하게 해달라고 기도드립니다.

존 캠브라, 1984년 칼라우파파 입소

Every night when I go to bed, I always say my
prayers. I ask God, my companion and co-pilot,
to please protect me and make me a better man…
make me to like everybody, not hate anybody.

John Cambra, admitted to Kalaupapa, 1984. WL

99

Shot List CLICK

TIME	DURATION (HR:MIN)	LOCATION	TASK
FILMING DAY (JUNE 1ST, 2023)			
CALLTIME 1:	2:45 am Chee-Yun		Stephen to pick up Chee-Yun at Sheraton for 3AM makeup appt
CALLTIME 2:	4:10 am Iggy Jang		Jinyoung to pick up Iggy from his house
CALLTIME 3:	4:50 am Keola Beamer		Keola Beamer to meet at HNL airport (dropped off by assistant)

TIME	DURATION (HR:MIN)	LOCATION	TASK
4:50 am		HNL Airport	Arrive at HNL Airport
6:00 am		HNL Airport	Catch the 6:00 AM flight to Molokai
7:01 am		Molokai Airport	Catch the 7:01 AM flight to Kalaupapa
7:45 am		Kalaupapa Park (KP)	Arrive at Kalaupapa Park and begin set up
8:30 am		KP - Cemetary (Papaloa)	Begin filming Performance #1 - Going Home
10:00 am		KP - Transit	Break down and drive to Kalawao side of Park
10:30 am		KP - Kalawao	Set up cameras for Performance #2
11:15 am		KP - Kalawao	Begin filming Performance #2 - Aloha Oe
12:45 pm		KP - Kalawao	Quick lunch break
1:25 pm		KP - Kalawao	B-roll footage (bookstore/church/hospital/houses) / commentary footage
2:25 pm		KP - Transit	Drive back to Papaloa side of park
2:50 pm		KP - Papaloa	B-roll footage (cemetary/cliffs/ocean) / commentary footage
3:40 pm		KP - Papaloa	Wrap shooting and go to airport
4:00 pm		KP - Papaloa (Airport)	Arrive at Kalaupapa Airport
4:20 pm		KP - Papaloa (Airport)	Catch the 4:20 PM flight to Molokai (Jinyoung, Chee-Yun, Iggy)
5:15 pm		KP - Papaloa (Airport)	Catch the 5:15 PM flight to Molokai (Matt, Marino, Keola)

Item List (for Molokai filming)		Item	Notes
FALSE	Jinyoung	External hard drive	
FALSE	Jinyoung	Check for NPS ($372)	

5단계:
촬영 준비

칼라우파파에서 촬영 허가가 나왔지만, 문제가 있었다. 출입 인원은 6인, 허락된 촬영 시간은 1일로 제한된 것이다. 고작해야 하루 한두 편뿐인 칼라우파파 비행 스케줄을 고려하면 촬영 가능한 시간은 열 시간이 채 되지 않았다. 공원 측에 연락해 사정해 보았지만 코로나 발생 직후 외부인의 칼라우파파 방문은 철저히 차단되었으며 3년 만에 처음으로 우리 팀의 방문을 승인한 것이니, 각별히 조심해달라는 말만 돌아왔다. 맘 같아선 '아니 그래도 여섯 명이 어떻게 영화를 찍나요?'라고 묻고 싶었지만, 행여나 승인이 취소될세라 입에서는 "네 그럼요! 저희가 무조건 따르겠습니다!" 이 소리가 튀어나왔다.

출연진만 이미 세 명에 촬영 감독 맷을 포함하면 추가 가능한 인원은 한 명. 조명, 음향 모두 포기하고 제2 카메라 감독이냐 조감독이냐를 놓고 고민한 끝에, 촬영 감독 둘을 섭외하기로 했다. 칼라우파파는 언제 다시 촬영할 수 있을지 모르는 곳인

Step 5: Preparing to Shoot

Although we received filming permission for Kalaupapa, there was an issue. The entry limit was set to six people, and we were granted only one day for filming. Considering that the Kalaupapa flights run only once or twice a day, our available filming time was less than ten hours. When I contacted the park for clarification, they explained that after the onset of COVID-19, access for outsiders had been completely restricted and our team's visit was only approved after three years, so we needed to be particularly careful. Though I wanted to ask, 'How can we possibly film with just six people?' I refrained and exclaimed, "Yes, of course! We will definitely comply!"

Including the three cast members and the cinematographer,

만큼 촬영본을 최대한 많이 확보하는 것이 중요하니까. 대신 촬영 동선과 시간대별 스케줄을 챙기고, 출연자 식사와 항공 스케줄을 빠짐없이 챙기는 조감독의 역할은 연주자를 포함한 우리 여섯 명이 조금씩 나누어 각자 '일당백'을 하기로 했다.

로케이션 선정

1, 2편의 경우 이틀에 걸쳐 세 곳의 로케이션에서 촬영을 진행 했지만 3편의 촬영일은 하루뿐. 아무리 생각해도 세 곳의 로케이션은 무리였다. 김춘석의 묘를 중심으로 첫 로케이션을 잡고, 두 번째는 환자들이 처음 버려졌던 장소에서 그들을 위한 연주를 하기로 했다.

Matt, only one more person could be added. After much deliberation about whether to forgo lighting and sound in favor of hiring a second camera operator or an assistant director, we decided to recruit two cinematographers. Since we might not get another chance to film at Kalaupapa, securing as much footage as possible became our priority. Instead, our six-member team would share the responsibilities of scheduling filming routes, meal planning, and coordinating flight schedules.

For the first and second stories, we shot at three locations over two days, but this time we only had one filming day. No matter how I looked at it, filming at three locations was unrealistic. So we decided to first focus on Kim Chun-siuk's grave and then perform at the site where the patients were initially abandoned.

6단계: 음악 선곡

로케이션이 세 곳이 아니라 두 곳이니, 음악 역시 세 곡이 아니라 두 곡이 되어야 했다. 세 곡이 아니라 두 곡 안에서 스토리를 전달하기 위해서는 더욱 신중하게 곡을 선정하고 편곡해야 했다. 첫 번째 곡은 음악으로나마 칼라우파파의 영혼을 고향으로 보내드리겠다는 영화의 기획 의도에 부합하도록 '고향'을 테마로 하는 곡을 만들기로 했다.

딱 두 곡뿐이라고 생각하자 담고 싶은 곡이 너무나 많았다. 그동안 차곡차곡 모아왔던 플레이리스트의 여러 곡 중 우리 가

Step 6: Music Selection

Since we were filming at two locations instead of three, we only needed two pieces of music. To convey the story within these two songs, careful selection and arrangement were crucial. For the first piece, we decided to create a song themed around 'hometown', aligning with the film's intent to send the spirits of Kalaupapa back home through music.

There were so many songs I wanted to include. Among the various tracks I had collected, our folk songs "Nostalgia," "Longing for Geumgang Mountain," and "Where That Cloud Floats Away To" became contenders. Additionally, we chose to incorporate the main melody from Dvořák's Symphony No. 9 ('Going Home') to create a piece specifically for Hawaiian Lament. The final piece, without hesitation, was 'Aloha Oe.' Many, including myself, consider it the most beautiful Hawaiian song for its beautiful melody and significance as composed by the queen of Hawai'i.

Next, we had to recruit an arranger. Unlike the first two stories, which centered around our children's songs and folk music, the third story featured Hawaiian music, including Keola Beamer's slack-key guitar performance. Therefore, we needed the help of a composer who deeply understood Hawaiian culture and music.

곡 '향수'와 '그리운 금강산' 또는 '저 구름 흘러가는 곳'으로 후보곡이 좁혀졌다. 여기에 클래식 명곡 드보르작 9번 교향곡 (Going Home)의 주선율을 차용해 〈하와이 연가〉만을 위한 아름다운 곡을 만들기로 했다. 그리고 마지막 곡은 고민할 여지도 없이 '알로하 오에'. 나를 포함해 많은 이들이 가장 아름다운 하와이 노래로 꼽는 곡이다. 선율도 아름답지만 하와이 여왕이 작곡한 곡이라는 점에서도 의미가 깊다.

다음은 편곡자 섭외. 우리 동요와 가곡이 중심을 이루는 1, 2편과 달리 3편에는 하와이 음악이 나오고 케올라 비머 씨의 슬랙키 기타 연주가 있었기 때문에 하와이의 문화와 음악을 깊이 이해하는 작곡가의 도움이 필요했다.

하와이 심포니 오케스트라의 상임 작곡가로 오케스트라가 연주하는 대부분의 곡을 직접 편곡하는 마이클 토마스 푸마이와 약속을 잡았다. 예상했던바, 마이클의 편곡료는 그의 실력과 명성에 걸맞게 우리의 예산을 훌쩍 뛰어넘었다. 방법이 있나, 이번에도 진심으로 호소했다. 케올라 비머 씨처럼 하와이 원주민 혈통인 마이클 푸마이 씨는 잠시 부처님 같은 미소를 띤 채 말없이 있더니, "알겠어요. 함께하죠"라고 말했다. 호놀룰루 다운타운의 한 식당, 창을 통해 들어온 따사로운 빛 덕분인지 몰라도 함께하겠다고 답하는 마이클이 내 눈엔 정말 부처님 같아 보였다.

마이클 토마스 푸마이,
김지연, 이그나스 장
그리고 케올라 비머의 레코딩 세션.

Machael Thomas Foumai,
Chee-Yun, Ignace, and Keola
Beamer during the recording
session.

I met with Michael Thomas Foumai, the composer in residence for the Hawaiʻi Symphony Orchestra, who arranges most of the orchestra's repertoire. As expected, his fee was beyond our budget due to his renowned talent and reputation. I made a sincere appeal for a more feasible solution. Michael, who shares Hawaiian native ancestry with Keola Beamer, paused with a serene, Buddha-like smile before saying, "I understand. Let's make it happen." For a brief moment, with the warm light streaming in through the window, he truly looked like a Buddha.

7단계:
촬영 D-4주

구성안이 어느 정도 완성되고 난 다음엔 촬영 감독 맷과 자주 영상통화를 하며 촬영 계획표를 완성해나갔다.

촬영 콘티를 짜고 긴 샷 리스트를 작성했다. 샷 리스트란 로케이션별로 필요한 샷을 나열한 문서로, 대본에 따라 작성하는 촬영 콘티에 비해 훨씬 상세하다. 현장에서는 촬영본 확인하고 출연자들의 연주를 확인하는 것만도 큰일이라 중요한 샷을 놓치지 않기 위해 꼭 필요하다. 감독마다 샷 리스트를 정리하는 방식은 다른데, 나는 보통 로케이션과 출연자별로 정리한다. 각 연주자의 클로즈업, 바스트 샷, 풀샷, 셋 중 둘이 마주

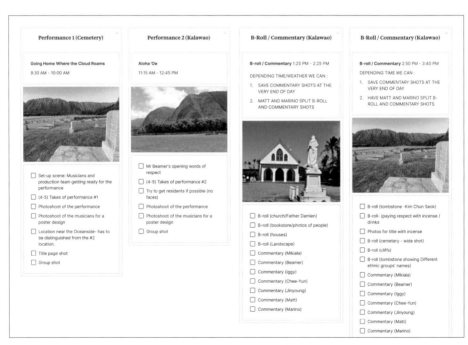

Step 7:
4 Weeks
Before the
Shooting

As the plan was taking its shape, I frequently video-called the director of photography, Matt, to finalize the shooting schedule. We crafted the shooting script and created a lengthy shot list. This list details the shots needed for each location and is much more specific than the shooting script, ensuring we don't miss important shots amidst the chaos on set. Each director has a unique method for organizing shot lists, and I typically categorize them by location and performer. I had to detail each shot for each performer—close-ups, bust shots, full shots, shots of two performers smiling at each other, and shots of the violin being taken out of its case—so I won't be kicking myself under the blanket after filming. Especially for a shoot like at Kalaupapa, where we need to gather a lot of footage in a short time, it's essential to create a meticulous shot list organized by location and time.

The sheet music from Michael arrived, and upon listening to the guide audio with a fluttering heart, I noticed that our song was underrepresented when compared to Dvořák's piece. Michael mentioned that the slack-key guitar part would be added by Keola Beamer, making things a bit tricky. While I understand,

보며 웃는 샷, 바이올린을 케이스에서 꺼내는 샷 등으로 최대한 자세히 적어놔야 촬영 끝난 밤에 혼자서 이불킥 할 일이 없다. 특히나 칼라우파파 촬영처럼 단시간에 많은 촬영본을 얻어야 해서 보나 마나 경황이 없을 것 같은 촬영에서는 로케이션별, 시간대별 샷 리스트를 세밀하게 짜야 한다.

마이클에게서 악보가 도착했다. 떨리는 마음으로 가이드 음원을 들어봤다. 분명 우리 가곡과 드보르작의 곡을 써달라고 했는데, 우리 가곡의 분량이 너무 적었다. 마이클은 슬랙키 기타 부분은 케올라 비머 씨가 직접 코드를 얹기 때문에 작업이 조금 난해하다고 했다. 물론 이해는 하지만 그래도 나는 꼭 칼라우파파에서 우리 가곡이 하나쯤은 울려 퍼지길 바랐다. 드보르작도 좋지만, 김춘석 할아버지는 '저 구름 흘러가는 곳'을 더 반길 것 같았다. 결국 마이클이 부처님 같은 인내심과 뛰어난 실력을 발휘해 준 덕분에 지금의 아름다운 버전―'저 구름 흘러가는 곳'에 드보르작의 선율을 금가루처럼 뿌린 듯한―이 완성되었고, 악보를 세 연주자에게 보냈다. 우리는 한 달 후 하와이 공연장에서 만나 녹음을 할 것이다.

I really wanted our song to resonate at Kalaupapa. Ultimately, thanks to Michael's patience and skill, a beautiful version of 'Where That Cloud Floats Away To' was created, and the sheet music was sent to the three performers. We were ready to meet a month later in Hawai'i for the recording.

8단계:
드디어 촬영 날

촬영일 새벽 2시 45분, 김지연 씨는 호텔을 나와 헤어 메이크업 장소로 이동했고 나는 이그나스를 픽업해 공항으로 갔다. 전날 늦게까지 이어진 녹음에 시차까지 있어 김지연 씨는 많이 피곤할 텐데도 연신 밝은 웃음으로 나를 안심시켜 주었다. 5시가 되자 케올라 비머 씨가 졸린 눈을 비비며 공항에 나타났다. 촬영 감독인 맷과 마리노는 그들이 살고 있는 몰로카이의 공항에서 처음 대면했다. 만난 건 처음이지만, 칼라우파파에 대해 많은 이야기를 나눈 터라 서로 낯설지 않았다. 몰로카이에서 다시 비행기를 타고 칼라우파파로 향했다. 칼라우파파에 도착해 가장 놀란 것은 그곳의 풍광이었다. 비극 속에서 피어난 아름다움. 수십 년간 세상에서 고립돼 자연 그대로의 모습을 유지할 수 있었기 때문일까, 슬픔이 깃든 아름다움이었다. 우리는 가장 먼저 김춘석 할아버지의 비석을 찾았다. 3년 전 책에서 본 사진 속 그 비석이다. 김춘석 할아버지, 할아버지를 뵈러 저희가 정말 왔어요!

열 시간 동안은 식사도 제대로 못하고 계속된 연주와 촬영을 이어갔다. 지칠 법도 한데 다들 하나되어 정말 열심히 촬영에 임했다. 이그나스 장은 케올라 비머 씨의 기타를 대신 들어주었고, 비머 씨는 멀찍이 앉아 우리 연주를 듣는 환자들 한 명 한 명에게 다정한 인사를 건넸다. 김지연 씨는 열악한 현장에서도 특유의 유머와 재치로 분위기 메이커 역할을 톡톡히 해주었는데 그러다가도 촬영에 들어가면 모두가 바로 연주에 몰입하는 모습이 진정 프로다웠다.

Step 8: Finally, the Day of the Shoot

On the morning of the shoot, at 2:45 AM, Chee-yun left the hotel for hair and makeup while I picked up Ignace and headed to the airport. Despite being tired from late-night recording and the time difference, Chee-yun reassured me with her bright smile. By 5 AM, Keola Beamer showed up at the airport, rubbing his sleepy eyes. The director, Matt, and Marino met them for the first time at the airport in Molokai. Though it was their first time meeting, they didn't seem awkward as they had discussed Kalaupapa extensively. After taking a

길었던 하루의 끝, 호놀룰루행 비행기에 탑승했을 때 우리는
모두 녹초가 되어 있었지만 마음은 더없이 충만해져 있었다.
멀어져 가는 칼라우파파를 내려다보며 김춘석 할아버지가 잠
들어 있는 곳을 가늠해 보았다.

김춘석 할아버지, 우리를 칼라우파파로 불러주셔서 고맙습니
다….

flight from Molokai to Kalaupapa, the stunning scenery of Kalaupapa took my breath away—beauty blossomed through tragedy. Isolated from the world for decades, it maintained its natural beauty while radiating sadness. We first sought out the gravestone of Grandpa Kim Chun-siuk, which I had seen in a book three years earlier. Grandpa Kim Chun-siuk, we really came to see you!

For ten hours, we continued performing and filming without proper meals. Despite the fatigue, everyone came together to put in an incredible effort. Ignace held Keola Beamer's guitar, while Beamer greeted each patient listening to our performance. Chee-yun brought her unique humor and charm to the difficult setting, but when it was time to film, everyone was deeply focused—true professionalism.

By the end of that long day, we boarded the flight back to Honolulu, utterly exhausted but filled with joy. As we looked down at the receding Kalaupapa, I reflected on where Grandpa Kim Chun-siuk was resting.

"Thank you, Grandpa Kim Chun-siuk, for calling us to Kalaupapa⋯."

촬영하다 말고 바다 표범에게 쫓겨나고 말았다. 하와이안 몽크 바다표범(Hawaiian monk seal)은 멸종 위기 종으로, 하와이주와 미국 연방법에 의해 보호받고 있다. 50피트(15미터) 이상 거리를 유지해야 하는 법을 어길 경우 벌금이나 법적 처벌을 받을 수 있다. 연주 장면을 시작한 지 얼마 되지 않았을 때 저 멀리 바다에서 바다표범 모녀가 우리가 있는 해안 쪽으로 수영해 오는 게 보였다. '제발… 얼마나 힘들게 촬영 허가를 받았는데…. 좀 봐줘 좀….' 간절히 빌었거늘, 이들이 점점 해변 가까이 오자 공원 관리자는 당장 중단할 것을 명령했다. "아니… 저기요…. 아직 멀리 있구먼요. 2분이면 돼요. 이번 곡만 마무리할게요. 얘들도 이런 연주를 어디서 듣겠나요?"라고 말하고 싶었지만, 꾹 삼켰다(호놀룰루로 돌아가라고 할까 봐).

Just as we were about to start filming, we were interrupted by a Hawaiian monk seal and her pup swimming toward the shore. Hawaiian monk seals are an endangered species protected by both state and federal law, which requires maintaining a distance of at least 50 feet. "I was silently pleading, 'Please…. it took so much effort to get this filming permit….' but as the mother and baby seal swam closer to shore, the park ranger ordered us to stop filming immediately. I wanted to say, 'Come on, they're still far away. Just give us three more minutes to finish this piece. Even the seals wouldn't get this kind of live performance anywhere!' But I bit my tongue, worried they'd tell us to head back to Honolulu.

칼라우파파 내에는 촬영 스태프들이 이용할 수 있는 상점이 없어서 먹을 것을 챙겨 갔는데 무수비의 활약이 컸다. 김밥은 전날 만들면 냄새나서 먹기 힘든데 스팸 무수비는 하루는 너끈하다고, 반찬가게 아주머니가 알려주신 스팸 무수비의 롱런 비결. 아니나 다를까, 무수비 스무 개가 제일 먼저 동이 났다.

Since there weren't any shops for the filming crew at Kalaupapa, we brought our own food, and Spam musubi turned out to be a real lifesaver. While kimbap can get smelly if made a day before, Spam musubi stays fresh as a local side dish shop lady pointed out. Sure enough, the twenty Spam musubi we packed were the first to disappear.

알로하 바이브 충만한 피에르 그릴(Pierre Grill) 음향 감독님 스튜디오. 〈하와이 연가〉 마스터링을 끝내고 나오며 나중에 오리지널 소스 음원이 필요할 것 같아 음원 파일을 얼마 동안 보관하느냐 물었더니, 1984년 파일도 그대로 있다며 〈하와이 연가〉 음원도 "아마 내가 죽을 때까지는…"이라고 하셨다. 그러면서 덧붙이길, "진정한 프로페셔널은 파일을 지우지 않는 법!"이라고.

Pierre Grill studio filled with Aloha vibes. After finishing the mastering of *Songs of Love from Hawai'i*, I asked how long he keeps music files since we might need the original source. The sound engineer mentioned he still has files from 1984 and said that the files for *Songs of Love from Hawai'i* will likely remain until he passes away. Then he added, "a real professional doesn't delete files, you know!"

영화에서의 연주 장면은 백 퍼센트 현장음은 아니다. 바람 소리를 비롯한 현장 소음을 완벽히 차단하는 건 불가능에 가깝기 때문에 라이브 버스킹을 보여주는 수많은 프로그램도 대부분은 현장음과 스튜디오 녹음본을 고루 편집해서 쓴다.

또 하나의 고민은 그렇다면 연주 녹음을 스튜디오에서 할 것인지 공연장을 빌려서 할 것인지였다. 스튜디오에서 하면 연주자도 편하고 엔지니어도 편하다. 몇 번이고 계속 다시 하면 되고, 바로 믹싱까지 하면 되니 일이 수월하다. 물론 비용도 더 적게 든다. 그럼에도 굳이 공연장을 빌려 녹음을 진행한 건 관객에게 훌륭한 공연장에서 연주를 감상하는 듯한 느낌이 들게 하고 싶었기 때문이다. 공연장 특유의 공명은 효과음으로 살리기엔 한계가 있다. 결국 하와이에서 사운드 시스템이 가장 좋다고 알려진 연주 홀을 빌려 그곳에서 연주 녹음을 진행한 후, 촬영 때는 녹음한 음원을 재생하고 연주자에게 최대한 똑같이 연주하도록 부탁했다. 앵글을 다양하게 하고 보잉(활을 긋는 방향)이 다를 경우 그림을 맞춰야 하기 때문으로, 처음엔 풀 컷으로 멀리서 잡고, 다음엔 연주자의 클로즈업, 항공 숏 등 다양한 앵글로 최소 대여섯 번 정도 곡 전체를 촬영했다. 그리고 편집에 이르렀을 때 녹음 음원에 각 테이크에서 가장 좋은 장면을 골라 최선의 결과물을 만들고자 했다.

The performance scenes aren't entirely live. It's nearly impossible to eliminate all the ambient noise, such as wind, which is why many TV programs blend live audio with studio recordings. We had to decide whether to record in a studio or rent a concert hall for the performances. Recording in a studio is more convenient for both the musicians and the engineers since they can easily redo parts and mix on the spot. However, we decided to rent a concert hall to give the experience of seeing a performance in a great venue. The unique resonance of a concert hall can't be fully captured through sound effects. Ultimately, we rented a concert hall in Hawai'i known for its excellent sound system, recorded there, and played the previously recorded audio while asking the performers to replicate their parts as closely as possible. To capture various angles and accommodate differences in bowing directions, we initially did wide shots from a distance. Then we did close-ups of the performers and even drone shots. We recorded the entire piece at least five or six times from different angles. During editing, we selected the best of each take to create the smoothest performance scene with the recorded audio.

[제작노트 #4] 2023년 6월 23일

〈하와이 연가〉의 마지막 촬영을 마치고

돌이켜보면, 음악으로 선조들의 넋을 위로하는 과정은 곧 나 자신을 위로하는 과정이기도 했다. 김춘석처럼 잊었던 인물을 현실의 이야기로 가져오고(모셔오고) 음악을 통해 기억하는 일련의 과정이 영화를 만드는 일이라기보다는 넋을 기리는 제를 올리는 일처럼 느껴지곤 했다.

몇 년 전, 출장차 한국에 나갔을 때 오후 일정이 예상보다 일찍 끝나 아빠에게 전화를 걸었다.

"아빠가 좋아하는 롯데백화점 만두 사 갈게!"

포장 용기 속 만두는 아직 따뜻했고 엄마는 부엌에서 아빠가 좋아하는 장어 요리를 하고 있었다. 식사 도중 별안간 쓰러진 아빠는 의식 불명 상태에 빠졌고 수차례의 수술에도 의식을 되찾지 못한 채 끝내 요양원이라고 하는 낯선 공간으로 옮겨졌다. 사랑하는 이가 식물인간이라는, 삶도 아니고 죽음도 아닌 상태에 놓일 때 우리가 할 수 있는 건 뭐가 있을까.

나는 망연히 기다리는 수밖에 없었다. 하루빨리 아빠가 고통에서 자유로워지기를. 그러면서도 동시에 아빠가 하루라도 더 곁에 있어주기를 바라는 모순 속에서 봄이 가고 여름이 가고, 또 가을이 갔다. 아빠는 얼핏 매일 똑같은 듯 보였지만 나는 알 수 있었다. 아빠가 삶으로부터 서서히 멀어져 가고 있다는 것을. 그리고 어느 겨울날, 한국에 있는 엄마에게서 전화가

Wrapping up the shooting of Songs of Love from Hawai'i

Reflecting on the process of honoring my ancestors through music, I found comfort in bringing forgotten figures like Kim Chun-siuk into contemporary narratives. This felt more like a ritual to pay respects than simply making a film.

During a business trip to Korea, I called my dad to bring him his favorite dumplings. However, during dinner, he collapsed and never regained consciousness, eventually being moved to a nursing home. I believed we have the right to die with dignity, yet he was kept alive by medical treatment despite his condition.

As I waited for him to be free from pain, I longed for just one more day with him. When he was hospitalized with pneumonia, I rushed to Korea. In the hospital, my mom and brothers told me he held on for me, and I whispered my love and permission to go. The next morning, he passed away.

What I told my dad wasn't true; I struggled with his loss, questioning the meaning of life. Despite feeling lost, a sense of peace returned while creating Words of

걸려왔다. 의료진이 마음의 준비를 하라 했다고. 한달음에 한
국의 낯선 병실에 누워 있는 아빠에게 다가갔다. 나를 보고 가
려고 아직 눈을 못 감고 계신 것 같다는 엄마와 오빠들의 말에
고개가 끄덕여졌다. 아빠와 나는 자타공인 각별한 부녀지간이
었으니까. 하늘나라…. 그 먼 길을 혼자 가야 하는 아빠가 가
여워 이미 얼굴은 눈물로 범벅이 되었지만, 아무렇지 않은 척
아빠의 귀에 대고 말했다. 아빠, 편히 가세요. 나는 괜찮으니
내 걱정은 하지 말고… 고맙고 사랑해 아빠. 다음 날 아침, 아
빠는 하늘나라로 떠났다.

아빠에게 한 말은 거짓이었다. 그때 그 순간도, 그리고 그 후
에도 한참 나는 괜찮지 않았다. 아빠가 자유로워지면 마음이
편해질 줄 알았는데, 단단한 줄 알았던 삶이 마구 흔들렸다.
어차피 다 죽고 말 것인데 열심히 살아 뭐하나. 나는, 우리는,
무엇을 위해 사는가.

그런데… 다시는 찾아오지 않을 것 같은 평화가 찾아왔다. 〈무
지개 나라의 유산〉을 만들고, 이어서 〈하와이 연가〉를 만들면
서다. 사진신부 이야기부터 독립운동사까지, 대한민국의 이민
역사는 다른 말로 하면 '사랑의 역사'였다. 아빠가 나에게 주
었던 큰 사랑이 그 안에도 고스란히 담겨 있었다. 역사 속 우
리 선조들은 나에게 혼자가 아니라고, 이렇게 많은 사랑을 받
지 않았느냐고 가만히 다독여주었다. 사랑이라는 건 눈에 보
이지 않는다고 해서 존재하지 않는 게 아니라는 사실을 일깨
워주었다.

〈하와이 연가〉의 마지막 촬영지. 과거 한센병 환자들이 칼라
우파파에 버려졌던 항구가 있던 그곳에 도착했을 때, 말로는
설명하기 힘든 기운이 느껴졌다. 바람이 몹시 불었고, 하늘은
금방이라도 비가 올 듯 구름이 뒤덮고 있었다. 촬영날 하늘에
구름이 보이면 비가 올까 신경이 곤두서곤 하는데 그런 생각

Wisdom from the Rainbow State and Songs of Love from
Hawai'i. The stories of Korean immigration illuminated a
profound love, reminding me I wasn't alone.

The final filming location for Songs of Love from Hawai'i
was at the harbor in Kalaupapa, where Hansen's disease
patients were once abandoned. Upon arrival, I felt a deep,
indescribable spiritual energy. The wind was strong, and

도 들지 않았다. 그저 그 장소에 우리가 서 있을 수 있다는 사실이, 외롭게 죽어간 한국인 이민자들과 다른 나라 이민자들의 넋을 아름다운 음악으로 기릴 수 있어 감사했다. 마침내 비머 씨가 기타 연주를 시작했을 때, 따스한 온기가 우리 주위를 포근하게 감쌌다.

그대여 안녕히
꽃 피는 시절에 다시 만나리

김춘석과 진춘옥, 존 캠브라… 오래된 사진 속에 박제되어 있던 이들의 숨결이 느껴지는 듯했다. 그리고, 잠시 잠깐 아빠의 온기를 느꼈던 것도 같다. 외롭게 떠난 우리 선조에게 위로를 전하겠다며 찾았지만, 위로를 받은 것은 오히려 우리였다.

딸과 함께한 이훈, 1983년
Hoon Lee with his daughter, 1983

the sky was overcast, threatening rain. Usually, I'd worry about the weather on filming days, but this time, I didn't. I was simply grateful that we could be there, honoring the spirits of lonely Korean immigrants and others with beautiful music. Finally, Keola Beamer started playing the guitar and a warm energy enveloped us.

Aloha 'oe
One fond embrace
Until we meet again

It felt like the spirits of Kim Chun-siuk, Chin Chun-yok, and John Cambra, frozen in old photographs, were coming alive. For a fleeting moment, I sensed my father's warmth.

3부 사랑
Love

하와이 연가

SONGS OF LOVE
FROM HAWAI'I

121-Year Timeline
평범한 사람들이 이룬 위대한 사랑의 기록

1903

1949

한국인의 미주 이민
121주년을 맞이하다.

2024

2021

2003

역사는 도산 안창호 선생이나 안중근 의사처럼 거센 급류를 헤치고 물길을 내어 간 리더들의 이야기이기도 하지만, 그들의 독립운동을 지원했던 이름 없는 사탕 수수 노동자들, 시대의 소용돌이에 휩쓸리지 않기 위해 안간힘을 쓰며 살아낸 민 초들의 이야기이기도 하다.

세상을 더 나은 곳으로 만드는 것은 쩌렁쩌렁한 목소리로 호령하는 영웅들인 것 같지만, 실은 어떤 상황에도 쉽게 좌절하지 않고 흔들리지 않는 태도를 견지하며 소임을 다하는 보통 사람들이라는 사실을 나는 이제 안다.

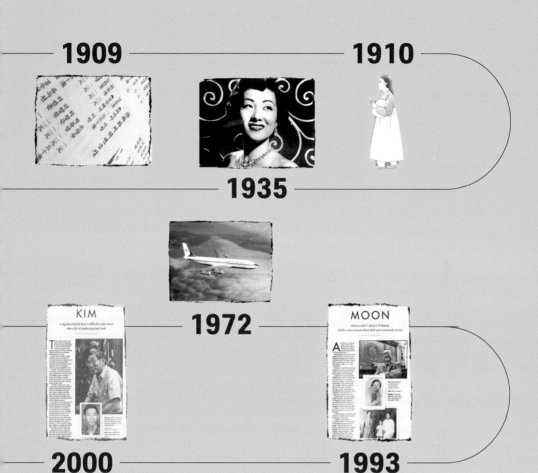

1909 — **1910**

1935

1972

KIM

MOON

2000 — **1993**

History is not only the story of leaders like Dosan Ahn Chang-ho or Ahn Jung-geun, who forged paths through turbulence, but also of the nameless sugarcane workers who supported the independence movements and the ordinary people who struggled to survive amid the challenges of their time.

While it may seem that heroes with loud voices change the world for the better, I now realize that it's actually the ordinary individuals who diligently fulfill their duties remain unwavering in any situation.

The Water is Wide

121년의 연표를 기획하며 배경으로 꼭 쓰고 싶었던 음악이 있다. 'The Water is Wide'는 이런 가사로 시작한다.

바다가 너무 넓어 건널 수가 없어요.
난 날 수 있는 날개도 없는걸요.

소프라노 조수미의 앨범 〈Mother〉의 수록곡으로 후에 찾아보니 처음 접한 이 노래는 아일랜드 민요였다. 19세기 중엽, 잉글랜드의

강제 이주 정책에 맞서 아일랜드인들의 민중 봉기를 그린 시를 음악으로 만들었다고 한다. 121년 전 어두컴컴한 밤, 태평양을 건너던 102명의 조선인도 막막한 태평양 바다를 바라보며 비슷한 마음이지 않았을까?

배를 주세요.
두 사람이 탈 수 있는 배를요.
나의 사랑과 내가 같이 노를 저어 갈게요.

There was a piece of song I really wanted to use for the 121-year timeline.
The lyrics of Soprano Sumi Jo's rendition of "The Water is Wide" goes:

The water is wide.
I can't cross over.
And neither have the wings to fly.

I first came across this song in Sumi Jo's album Mother and later learned that it's an Irish folk song. It was inspired by the Irish people's resistance against forced relocation policies in mid-19th century England. I thought that the 102 Korean immigrants crossing the Pacific 121 years ago must have felt a similar sense of hopelessness as they looked out at the dark, vast ocean.

Give me a boat that can carry two.
And both shall row, my love and I.

그들 역시 간절함으로 배를 얻었고, 함께 노를 저으면서 코리안 디아스포라의 유구한 역사를 이루어갔다. 121년 연표를 이룰 이민사의 주요 사건을 선정하고 편집기에서 조수미 씨의 음원을 더해 영상을 처음 재생해봤을 때의 짜릿함을 기억한다. 아… 이 장면에 이보다 더 좋은 음악은 없으리란 걸 확신했다.

거기에 그녀는 대한민국을 대표하는 뮤지션으로서, 유네스코 평화 예술인(UN Artist for Peace)으로서, 자신만의 뚜렷한 발자취를 역사에 새겨가고 있는 자랑스러운 한국인이지 않은가.
나는 또 '존경하는 조수미 선생님께'로 시작

하는 긴 이메일을 쓰기 시작했다. (제작비는 없지만 노트북은 있습니다!)

몇 번의 이메일이 오간 끝에, 선생님은 흔쾌히 음원 사용을 허락해주셨다. 그리고 이후 감사의 마음을 담아 소정의 음원 사용료를 드렸을 때, 고생한 제작진 맛있는 거 사 먹으라며 다시 기부를 해주셨다. 선생님의 응원은 나를 포함해 지쳐가던 우리 작은 팀에 큰 힘이 되었다. 많은 이들의 도움으로 마침내 〈하와이 연가〉 '사랑의 헌사'가 완성되었다.

But they got their boat through sheer determination, rowing together to create the rich history of the Korean diaspora. I vividly recall the moment I played Sumi Jo's recording in the editing software. No other music could have portrayed the scene so perfectly.

She stands out as a proud Korean too, representing the nation as a renowned musician and a UNESCO Artist for Peace. I truly believed that with Sumi Jo's music, the film's essence as 'a tribute through music' will resonate even more deeply.

I wrote a lengthy email to Sumi Jo's agency and the producer of the Mother album. (I have no budget, but I do have a laptop!)

We finally got in touch with her and she graciously allowed us to use her music. Once the project was completed, I sent a small fee as a token of appreciation, but she donated it back, insisting it be used to treat the hardworking production team. Thanks to the support of many, we were able to complete 'A Tribute of Love'.

사진신부의 아들 해리 김, 한국계 최초로 미주 시장에 당선되다.

Harry Kim, son of a picture bride,
becomes the first Korean American mayor
in U.S. history for the County of Hawai'i.

2000

하지만 우리의 가슴은
먼 고국에 그 뿌리를 두고 있습니다

해리 김 전 빅아일랜드 시장,
사진신부 김야물의 막내아들

하와이에서 산 지 15년쯤 됐을 때 처음으로 해리 김 전 빅아일랜드 시장을 만났다. 시장님은 내가 사는 오아후섬이 아니라 빅아일랜드섬에 거주하기 때문에 그에 대한 소문은 들어봤어도 직접 만난 건 처음이었다. 소문이란 대개 그가 얼마나 훌륭한 인품의 소유자인지, '정치인 같지 않은' 정치인인지 같은 것들이었다. 행사장에서 식이 끝난 후 사람들에 둘러싸인 시장님에게 용기를 내어 다가갔다. 꼭 하고 싶은 질문이 있었기 때문이다.

"한국에서 친구가 단 하루, 하와이에 놀러 온다면 무엇을 보여줄 건가요?"

당시 나는 만나는 모든 사람에게 이 질문을 던지곤 했다. 질문에 대한 답으로 누구는 까만 수달 가족을 볼 수 있는 오아후섬 최북단에 자리한 하이킹 코스에 데려간다고 했고, 누구는 별빛이 쏟아지는 마우나케아 전망대에 데려간다고 했으며, 또 누구는 하와이에서 가장 맛있는 아사이볼을 파는 카우아이섬의 트럭에 데려간다고 했다. 모두 특별했지만 그중 누구도 해리 김 전 시장 같은 대답을 한 사람은 없었고 앞으로도 없으리라 짐작한다.

"한국에서 친구가 놀러 온다면, 어느 한 명소를 보여주기보다는 우리 조상이 하와이에, 아니 하와이를 넘어 세계 곳곳에, 그리고 우리

I first met Harry Kim, former Big Island mayor, about 15 years after moving to Hawai'i. Though I'd heard about him — mostly how he was an exceptional person and "unlike other politicians" — this was our first encounter. After an event, I worked up the courage to approach him because I had a question I often asked people at the time.

"If a friend from Korea visited Hawai'i for just one day, what would you show them?"

I'd heard various responses before — some mentioned a hike to see monk seals, others spoke of stargazing at Mauna Kea or a food truck on Kaua'i serving the best açaí bowls. But Harry Kim's answer was unlike any other. With a gentle smile, he said:

"Rather than showing a landmark, I'd want to share the story of our ancestors and their contributions to Hawai'i and the world. Long ago, a few brave Koreans came to these islands and achieved incredible things. I'd tell them about the hard work, kindness, and selflessness of the Korean immigrants who came over 100 years ago. And remember, you are the descendants of an extraordinary people."

Harry Kim, the youngest son of picture bride Kim Yamul and sugarcane worker Kim Ingi, became the first Korean American mayor in U.S. history in 2000, after 24 years as the Big Island's Civil Defense Administrator. He ran

삶 모든 면에 기여한 바를 보여주고 싶습니다. 아주 먼, 먼 옛날, 소수의 용감한 한국인들이 미지의 섬으로 떠나왔고 그들은 실로 엄청난 걸 이뤄냈지요. 100년도 더 전에 하와이로 온 한국인 이민자들이 보여준 성실성과 선한 인간성, 남을 위해 헌신했던 이야기를 해주고 싶어요. 잊지 마세요, 여러분은 정말 특별한 민족의 후손이에요."

사진신부 김야물과 사탕수수 노동자 김인기의 막내아들인 해리 김은 빅아일랜드 민방위국 수장(civil defense administrator)으로 24년 동안 쌓은 주민들의 신뢰를 바탕으로 지난 2000년 미국 역사상 한국인 최초로 시장직에 올랐다. 선거 캠페인 당시 10달러 이상의 정치자금은 받지 않겠다는 공약을 이행했고 실제로 상대 후보가 쓴 선거 자금의 6%인 1만 6,900달러만 쓰고도 50%가 넘는 압도적인 지지율로 당선됐다. 김야물 할머니는 해리 김 전 시장이 열다섯 살 무렵에 남편과 사별하고 김 시장을 포함해 여덟 자녀를 혼자 키웠고, 모두 대학 교육까지 시켰다.

"큰누이가 여덟 살 때 고열에 시달렸다고 해요. 어머니는 누이를 업고 2마일을 걸어서 병원에 갔는데, 도착해서야 깨달았지요. 누이가 더 이상 숨을 쉬지 않는다는 사실을요. 어머니는 죽은 누이를 안고 다시 그 먼 길을 돌아 집에 오셨대요. 어머니가 겪었을 고통을 제가 어떻게 짐작할 수 있을까요."

김 시장에 따르면 어머니는 하와이 밀짚모자 만드는 일부터 양계장 운영 등 안 해본 일이 없었는데 특히 빅아일랜드에서 처음으로 김치를 만들어 팔고 후에 캘리포니아까지 영역을 확장해 큰 성공을 거두셨다고 했다. 1980년대 초반, 많은 하와이 사람이 'Korea'라는 나라가 존재하는지도 모르던 시절의 일이다.

시장님에게 다음 세대에게 물려주고 싶은 정신적 유산이 있는지 물었다. "삶에서 가장 중요한 건 작고 사소한 기억들, 사랑을 나누는 마음이라는 걸 말해주고 싶어요. 나의 부모님은 한 번도 물질적인 것을 중시하도록 가르치지 않았어요. 그랬더라면 우린 모두 불행했을 겁니다. 왜냐하면 우리는 가진 게 하나도 없었으니까요."

his campaign without accepting more than $10 in donations and won with just $16,900—6% of his opponent's spending. His mother raised eight children alone after his father passed when Harry was 15, ensuring all of them went to college. "When my oldest sister was eight, she had a high fever. My mother carried her two miles to the hospital, only to realize she had passed away. She carried her lifeless body all the way back. I can't begin to imagine the pain she felt." According to Kim, his mother did every job imaginable, including making and selling kimchi, which she eventually expanded to California. This was in the early 1980s, when many in Hawaiʻi didn't even know where Korea was.

I asked if there was a lesson he wanted to pass to the next generation. "I'd tell them that the most important things in life are the small moments and the love you share. My parents never taught us to value material things. If they had, we would have been unhappy because we had nothing."

정말 자랑스러웠죠

1993

문대양, 한국계 최초로 주 대법원장에 당선되다.

**Ronald Moon becomes the first Korean American
to be the Chief Justice of the Hawai'i Supreme Court.**

문대양 전 주 하와이 대법원장,
사탕수수 노동자 문정헌의 손자

"저의 친할아버지와 외할아버지는 1902년 제물포항을 떠나 하와이로 향하던 첫 번째 이민선에 타고 계셨습니다. 두 분은 서로 모르는 사이였어요. 어디로 가는지도 모르는 채 배에 타셨다고 해요. 친할아버지는 고향인 이북에서 재봉틀을 가지고 배에 올라탔는데, 하와이에 와서 사탕수수 농장에서 몇 년 일하고는 그 재봉틀로 양장점을 열었어요. 그리고 아버지가 또 그 가게를 물려받았지요. 아직도 기억이 생생해요. 아버지의 가게 문은 늘 열려 있었고, 한국인 어르신들이 영어로 된 서류를 가져오시면 이민 2세인 아버지가 번역을 해주시곤 했어요."

한인 이민자들의 사랑방이기도 했던 그 양장점, 'Duke's tailor shop' 2층의 작은 가정집에서 태어난 사내아이는 커서 한인 최초의 미국 주 대법원장이 되었고 17년간 하와이 사법부를 진두지휘했다.

대법원장으로서 그가 이룬 가장 큰 업적 중 하나는 미국 주 최초로 법정 다국어 무료 통역 서비스를 하와이에 도입한 것이다. 법정에선 모든 이들—한국인뿐 아니라 모든 이민자는 자신의 의견을 자유롭게 피력할 권리가 있다는 그의 주장이 받아들여진 것이다. 부족한 영어 실력으로 어려움을 겪는 이웃 어르신들

Former Chief Justice of Hawai'i, Ronald T. Y. Moon, the grandson of Moon Jeong-heon, a sugar cane laborer

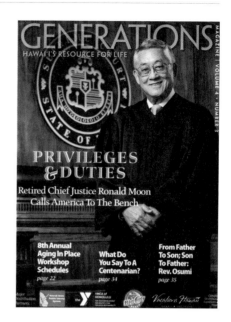

"My paternal and maternal grandfathers boarded the first immigration ship from Jemulpo Port to Hawai'i in 1902. They didn't know each other or where they were going," Ronald Moon recalled. "My paternal grandfather brought a sewing machine from North Korea and opened a tailoring shop after a few years in the sugar cane fields. I remember it well; my father's shop was more than just a place to fix clothes. It was always open, and Korean elders would come to him for help with English documents."

Moon's father's tailor shop, 'Duke's Tailor Shop,' became a hub for Korean immigrants. From this small home, a boy grew up to become the first Korean-American state Supreme Court Justice in the U.S., leading Hawai'i's judiciary for 17 years.

One of his greatest achievements was introducing free multilingual court interpretation services in Hawai'i. He believed everyone in court deserved the right to express themselves freely. Growing up with immigrant parents, Moon understood the challenges faced by those living in a foreign land.

In an interview for the film *Words of Wisdom from the Rainbow State*, I asked Chief Justice Moon what his biggest fear is. He said, "It's leaving this world

과 그분들을 돕는 아버지를 보며 자란 문 대법원장은 모국어가 아닌 이국의 언어를 쓰며 살아가는 사람들의 애환을 누구보다 잘 알았으리라.

영화 〈무지개 나라의 유산〉으로 만난 문대양 대법원장에게 그의 가장 큰 두려움이 무엇인지 물었을 때 그는 이렇게 답했다.

"세상에 기여한 바 없이 떠나는 것입니다. 아버지는 늘 말씀하셨어요. '우리는 모두 지구라는 행성에 살고 있고 어떤 식으로든 그 대가를 지불해야 한다'고요. 어려움에 처한 이

웃을 돕건, 노숙자를 위해 봉사하건, 자신이 속한 사회에 어떤 식으로든 기여해야 해요. 사회를 위해 아무것도 한 것이 없는 삶은 공허하고 슬프지요."

이 말은 문대양 전 대법원장이 생전에 세상에 남긴 마지막 메시지가 되었다. 인터뷰를 끝으로 2년 후, 그는 81세의 일기로 하와이 자택에서 별세했다.

without having contributed anything meaningful. My father taught me that we must pay rent for the space we occupy on Earth. A life without contribution is sad."

This was the last message Chief Justice Moon left behind. Two years after our interview, he passed away at his home in Hawai'i at the age of 81.

사랑이

SONGS OF LOVE FRO

세상과 만난 〈하와이 연가〉

나에게 깊은 감동을 준 121년 전 우리 이야기를 기록하고 싶다는, 어찌 보면 참 단순한 바람으로 시작한 일인데, 영화가 완성되고 나자 〈하와이 연가〉는 마치 고유의 생명을 가진 존재인 것처럼 자유롭게 훨훨 날기 시작했다. 오래 기억하고 싶은 순간들을 모아본다.

Songs of Love from Hawai'i Meets the World

What began as a simple desire to capture the moving story of our ancestors from 121 years ago has now evolved into something much more. Once the film was completed, *Songs of Love from Hawai'i* seemed to take on a life of its own, soaring freely like a living entity. Here, I reflect on the moments that I want to hold onto and remember forever.

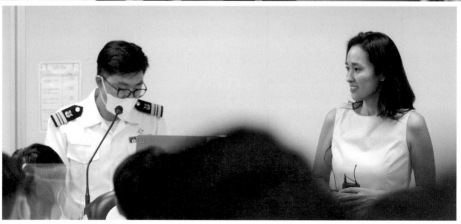

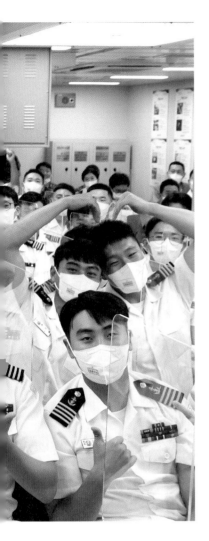

해군 함상 시사회

2022년, 해군사관생도 77기 약 160명이 110일간 세계 9개국을 돌며 훈련을 이어가던 중 하와이에 입항했다.

영화 속 해군 장면 촬영을 헌신적으로 지원해 준 오순근 무관은 해군 생도들을 위한 함상 시사회를 제안했다. 생도들에게 감동과 자부심을 안겨주고 싶다는 무관님의 말에, 아직 가편집 단계였지만 시사회를 진행하기로 했다. 상영 후 생도들과 제작 뒷얘기를 하면서, 림팩 훈련 중이라 힘들 텐데 휴식을 방해해 미안하다고 하자, 한 생도가 손을 들었다.

"촬영을 도운 선배님들도 훈련 끝에 새 과업이 주어져 피곤하셨겠지만, 이 작품을 보고 나면 의미 있는 프로젝트에 함께할 수 있어 기쁘게 생각하실 거라 믿습니다. 해군을 대표해 감사하다고 말씀드리고 싶습니다." 아직 갈 길이 멀지만, 늠름한 청년들에게 응원을 받으니 그간 제작하면서 힘들었던 시간을 다 보상받는 듯했다.

Premiere on the Naval Ship

In 2022, about 160 cadets from the 77th class of the Naval Academy docked in Hawai'i while training for 110 days across nine countries. Colonel Soonkun Oh, who supported the filming of naval scenes, proposed a special screening for the cadets. He wanted to inspire them with pride, so we decided to hold a screening, even in its rough editing stage. After the screening, I apologized for interrupting their rest during the RIMPAC exercises, and a cadet raised his hand.

"Even though the seniors who helped with the filming were tired, I believe they'll be happy to have been part of this meaningful project. On behalf of the Navy, I want to express my gratitude." Though I still had a long way to go, their support made all the struggles of production feel worthwhile.

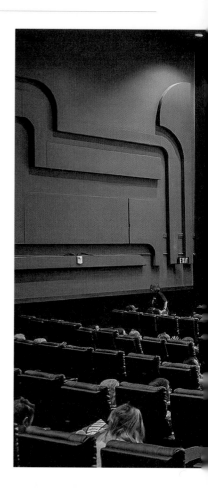

제43회 하와이국제영화제(HIFF)

〈하와이 연가〉가 세상을 만나기 위한 방법으로 처음 세운 목표는 '제43
회 하와이국제영화제(HIFF)'에 초청받는 것이었다. 영화제를 통해 〈하
와이 연가〉가 첫 관객을 만난다면, 코리안 디아스포라의 역사와 문화를
널리 알리고 세계 여러 곳에서 온 관객들과 깊게 연대할 기회를 얻게
될 것이라 믿었다. 편집 감독과 밤낮으로 씨름하며 아슬아슬하게 출품
일정을 맞추었고, 2023년 9월, 〈하와이 연가〉는 제43회 하와이국제영
화제 공식 초청작으로 선정되었다. 첫 작품 〈무지개 나라의 유산〉 이후
2년 만에 하와이국제영화제에서 다시 관객을 만나게 된 것이다.

The 43rd Hawai'i International Film Festival (HIFF)

My initial goal for *Songs of Love from Hawai'i* was to be invited
to the 43rd Hawai'i International Film Festival (HIFF). I believed
that premiering the film at the festival would allow us to share
the history and culture of the Korean diaspora, fostering deep
connections with viewers worldwide. In September 2023, after
working tirelessly with the editing team to meet the submission
deadline, the film was officially selected for the festival. It marked
the second time, two years after *Words of Wisdom from the
Rainbow State*, that I would meet the audience at the HIFF.

〈하와이 연가〉의 영화제 상영일, 칼라우파파 촬영 크루들이 몰로카이에서 날아왔다. 상영이 끝난 후, "뒤풀이는 고깃집이지!" 하며 나는 그들을 하와이의 한국 식당으로 안내했다. 칼라우파파 촬영 때 식사도 제대로 챙기지 못한 게 계속 마음에 걸렸는데, 불고기와 갈비와 된장찌개를 대접할 수 있어서 기뻤다.

On the day of the film festival screening, the Kalaupapa crew flew in from Molokai. After the screening, I eagerly led them to a Korean restaurant, saying, "Barbecue for the after-party!" I was happy to treat them to bulgogi, galbi, and doenjang jjigae, especially since I felt bad they hadn't had proper meals during the Kalaupapa shoot.

본토에 진출한 〈하와이 연가〉

영화제 초청만도 감사한 일인데 그 이후에 더 놀라운 일들이 이어졌다. 워싱턴을 시작으로 로스앤젤레스, 샌디에이고, 얼바인 등 여러 도시에서 초청 상영을 하게 된 것이다. 그중 워싱턴 미주 한인위원회 (CKA)에서 열린 〈하와이 연가〉 시사회가 끝나고 한 남성이 다가와 어떤 도움이 필요한지 물었다. 갑작스러운 질문에 머뭇거리자, 그는 거액의 후원금을 보내겠다고 했다. 어떤 조건인지 물었더니 조건 같은건 없다고 했다. 그는 정말로 다음 날 제작사로 후원금을 보냈고, 나는그 돈으로 영화의 마무리 작업을 할 수 있었다. 몇 달 후 크레딧에 후원자 이름을 넣기 위해 연락했을 때, 그는 '어머니 송옥순을 위해'라는 문구만 넣어달라고 했다.

Songs of Love from Hawai'i Makes Its Mainland Debut

I was already grateful for the film festival invitation, but even more amazing opportunities came along. The film was invited to screen in various cities, including Washington, Los Angeles, San Diego, and Irvine. After the Washington screening hosted by the Council of Korean Americans (CKA), a man approached me and asked how he could help. As I hesitated at his unexpected question, he generously offered a large donation without any conditions. He sent the fund the next day, which allowed me to complete the film. When I later contacted him to include his name in the credits, he requested it to say, 'In honor of Soonok Song….'

엘에이에서

엘에이에서 만난 어느 할아버님도 기억에 남는다. 상영을 무사히 마치고 서둘러 영화관을 나서는데, 어떤 어르신께서 쫓아오셨다. 주저하는 눈빛으로 뭔가를 건네시기에 봤더니 손 글씨 메모와 백 달러짜리 지폐 한 장이었다. '큰 도움 안 되겠지만'이라고 하는 어르신의 목소리가 작게 떨렸다. 그러면서 "나의 이야기를 해주어 고맙다"고 하셨다. 사람 많은 토요일 오후 엘에이의 영화관 앞에서 할아버님도 울고 나도 울었다.

In Los Angeles

I still remember the elderly man I met in LA. After the screening, as I hurried out of the theater, he approached me with a hesitant look, handing me a handwritten note and a hundred-dollar bill. His voice trembled as he said, "It may not be a lot, but I appreciate you sharing my story." On that busy Saturday afternoon outside the theater in LA, both of us ended up in tears.

PBS Hawaiʻi 편성 확정

PBS는 1969년에 설립된 미국의 공영방송 네트워크로, 역사와 전통이 깊다. 광고 수익이 아니라 기부와 정부 지원으로 운영되기 때문에 프로그램의 질과 독립성을 높게 유지하는 것으로 유명하다. 나 역시 PBS의 수많은 다큐멘터리와 예술 프로그램을 보며 영화 제작에 대한 꿈을 키워올 수 있었는데 그런 방송국에서 〈하와이 연가〉를 소개한다니 믿기지 않았다. 다만 방영을 위해서는 PBS의 까다로운 가이드라인에 맞추어 영화를 편집해야 한다고 해서 바짝 긴장했지만, 프로그래머인 척 파커 씨의 세심한 안내에 따라 반년 만에 방송본을 완성할 수 있었고, 〈하와이 연가〉는 2024년 9월 하와이 전역에 방송되었다. 방송이 나가고 받은 수많은 이메일은 하나같이 온기가 넘쳤다.

Scheduled on PBS Hawaiʻi

PBS, established in 1969, is a renowned public broadcasting network in the U.S. known for its high quality and independence, funded by donations and government support instead of ad revenue. I had grown my filmmaking dreams watching its many documentaries and arts programs, so I couldn't believe that *Songs of Love from Hawaiʻi* would be featured there. Although I had to edit the film to meet PBS's strict guidelines, I was able to complete it in six months with the careful guidance of programmer Chuck Parker. The film aired across Hawaiʻi in September 2024, and I received countless warm emails in response.

한국으로 간 〈하와이 연가〉

〈하와이 연가〉가 기대 이상의 반응을 얻으면서, 나는 새로운 꿈을 꾸게 되었다. 한국에 〈하와이 연가〉를 소개하는 것. 결론부터 말하면, 그 과정은 생각보다 험난했다. 일 년 가까이 배급사를 알아보고 계약을 시도했지만 저예산 독립영화를 배급해 주겠다고 나서는 곳은 없었다. 한 배급사와 가까스로 계약했지만, 배급사에서 철석같이 믿고 있던 영화진흥위원회 개봉 지원 공모에서 떨어지자 계약을 이어갈 수 없게 됐다. 그때가 처음이었다. '아, 여기까지구나. 내가 뭘 더 할 수 있을까?' 그런데 하루 이틀 시간이 지날수록 마음이 접히는 게 아니라, 되레 〈하와이 연가〉 제작에 함께해준 많은 이들의 얼굴이 떠올랐다. 나를 믿고 영화에 출연해준 네 명의 연주자, 간곡한 섭외 메일을 보냈을 때 단번에 "그래요, 같이 좋은 작품 만들어봐요"라고 해주셨던 예수정 배우님, 함께 고생한 촬영 팀 식구들, 자료 수집과 검증에 도움을 주신 많은 사서와 연구원 선생님들, 소프라노 조수미 선생님…. 선조들의 이야기를 기록한다는 무명 독립영화 감독의 말을 믿어주신 그분들께 약속했었다. 연출자로서 경력은 미천하지만 최선을 다해 내가 할 수 있는 모든 것을 하겠다고. 다음 날, 나는 구청에 배급업 등록을 했다. 1인 제작사에 이어 1인 배급사 대표가 된 것이다.

영화관에 연락을 취하기 위해서는 형식적이나마 배급사의 꼴을 갖춰야 했다. 배급업 등록증이 나온 날, 국내 최대 멀티플렉스 영화관 3사에 연락했다. 부디 우리 영화를 한 번만 봐주시라고. 하지만 큰 기대는 하지 않았다. 전국 어디의 작은 영화관에라도 걸릴 수만 있으면 좋겠다고 생각했다. (하지만 목표는 높게!)

개봉 제안서와 영화 파일을 보낸 지 두 달쯤 되었을까. 영화관 3사 중 한 곳에서 연락이 왔다. 개봉을 하자는 것이었다! 그리고 얼마 지나지 않아 또 다른 영화관에서도 연락을 받았다. 프로그래머는 영화에 담긴 우리 선조들의 이야기는 많은 이들에게 감동을 줄 것이라 믿는다며, 좋은 영화를 개봉할 기회를 주어 고맙다고 했다. 그동안 수많은 거절에도 울지 않았거늘 그녀의 말에는 눈물이 핑 돌았다. 하지만 눈물 한 방울이 또르르 떨어질 찰나, 눈물 쏙 들어가는 질문을 받았는데, 그건 바로 우리 배급사의 마케팅 예산이 얼마나 되느냐는 것이었다. 솔직하게 실토하는 수밖에 없었다.

"〈하와이 연가〉의 마케팅 예산은 0원입니다. 우리 역사를 정성껏 기록해 선조들의 헌신을 기리려는 마음으로 시작한 프로젝트이기에 제작 지원 공모를 통해 받은 돈과 개인 후원금

Songs of Love from Hawai'i Makes Its Way to Korea

As *Songs of Love from Hawai'i* received an unexpected response, I began to dream of introducing the film to Korea. However, the journey proved more challenging than expected. After nearly a year of seeking distributors and trying to secure contracts, I found no one willing to take on a low-budget indie film. Even after signing with one distributor, our contract fell through as we weren't selected for the Korean Film Council's support program. Yet, rather than feeling defeated, I was reminded of all the faces of those who had supported me. I promised those who believed in me: the four musicians in the film, actress Ye Su-Jeong who instantly agreed to participate, the hard working crew, the librarians and researchers who helped gather and verify materials, and finally soprano Jo Su-mi··· As an inexperienced director, I vowed to do everything I could for those who believed in me and my goal of honoring and documenting our ancestors' stories.

The next day, I registered my distribution company. I became the sole representative of a one-person distribution/production company. To contact theaters, I needed to have at least the formalities of a distribution business. On the day I received my certificate, I contacted the three largest multiplex chains, hoping they would at least watch our film. While I didn't have high expectations, I wished for it to screen at any small theater nationwide (but aimed high!)

About two months after sending the release proposal and film files, I received a call from one of the three major cinema chains. They wanted to proceed with the release! Soon after, another theater reached out, with the programmer saying that the stories of our ancestors would deeply move many people. Despite the countless rejections I'd faced without shedding a tear, her words brought me to the brink of tears. Just as I was about to cry, I was asked a tough question:

How much do we have for marketing? I had to be honest.

을 합한 돈 2억여 원으로 만들었거든요. 〈하와이 연가〉에 힘을 보태준 백여 명의 사람이 재능기부나 그에 준하는 수준으로 함께해 주었기 때문에 가능한 일이었죠. 비록 제작비는 턱없이 부족해도 〈하와이 연가〉를 완성할 수 있었던 것처럼, 마케팅 예산은 없어도 개봉만 할 수 있다면 관객분들에게 따뜻한 감동을 선사하리라 믿어요. 우리 역사 속 소중한 가치가 세상에 전해지도록 도와주시면 좋겠습니다."

사측과 논의해 보겠다고 한 윤단비 프로그래머에게서 며칠 후 연락이 왔다.
그녀는 〈하와이 연가〉의 CGV 단독 개봉을 제안하며, 많은 이들과 영화 속 감동을 나누기 위해 잘해보자고 다정하게 말했다.

잠시 어안이 벙벙한 채로 있다, 다시 휴대폰을 들었다.

"예지야, 기적 같은 일이 일어났어!"
〈하와이 연가〉의 공동 프로듀서인 이예지는 나의 오랜 친구다. 같은 대학 같은 과를 졸업한 후 십 년 넘게 방송국 예능 피디로, 또 지금은 대형 엔터사의 중역으로 분주한 나날을 보내면서도 내가 영화를 만들기 시작한 이래 가장 좋은 조력자가 되어주었다. 기획 단계 때나 편집 마무리 때, 혼자서는 더 이상 진전이 되지 않을 때면 나는 늘 예지에게 연락했고, 우리는 태평양을 사이에 두고 두 시간이고 세 시

간이고 머리를 맞댔다. 언젠가, 아무리 친구라지만 수년째 공짜로 친구의 전문성과 노동력을 착취하는 것 같아서 작게나마 비용을 지불하고 싶다고 조심스럽게 얘기했을 때 예지는 말했다. "의미 있는 프로젝트 같이할 수 있어 나도 좋아. 나 줄 돈 있으면 영화에 쓰자!"

예지와 내가 시간 가는 줄 모르고 역사 속 숨은 이야기를 찾고 기록하는 동안 5년의 세월이 흘렀고, 우리에게는 작고 소중한 영화 두 편이 생겼다. 그리고 그중 한 편을 영화관에서 볼 수 있게 됐다니, 예지 말대로 정말 천국의 '한인이민선조연합' 같은 데서 우리 프로젝트를 보살펴 주고 있는 게 아닌가 하는 생각이 든다.

"The marketing budget for *Songs of Love from Hawai'i* is zero. This project began with a heartfelt desire to honor our ancestors by documenting our history, funded by approximately 200 million won from production support grants and personal donations. Over a hundred people volunteered and contributed their talents to make this possible. Like how we could finish the film with insufficient budget, I believe that we can still touch the hearts of our audience with no marketing budget. I hope you can help share the precious values of our history with the world."

A few days later, I received a call from programmer Danbi Yoon, who said she would discuss the proposal with the management. She suggested an exclusive release at CGV, expressing her warmth and eagerness to share the film with many people.

For a moment, I was taken aback, but then I picked up my phone again.

"Yea Jee, a miracle has happened!"
Yea Jee Lee, the co-producer of *Songs of Love from Hawai'i*, is a long-time friend of mine. After graduating from the same university and major, she has spent over ten years as a variety show producer and now serves as an executive at a major entertainment company. Throughout my filmmaking journey, she has been my greatest ally. Whenever I hit a roadblock during the planning or editing phases, I would reach out to her, and we'd brainstorm for hours, even across the Pacific. One day, feeling guilty about relying on her expertise for free, I cautiously suggested paying her something. Yea Jee replied, "I love being part of a meaningful project. If you have money to spare, let's put it toward the film!"

As Yea Jee and I immersed ourselves in uncovering and documenting hidden stories from history, five years flew by, resulting in two small yet precious films. Now that one of them is finally ready to be screened in theaters, I can't help but feel, as Yea Jee said, that it's as if 'Korean Immigrant Ancestors Association' in the afterlife is looking after our project.

제20회 제천국제음악영화제

개봉이 10월 30일로 결정되었고, 그 한 달 전인 9월, 제천에서 열리는 제20회 제천국제음악영화제에 초청돼 〈하와이 연가〉가 국내에서 첫선을 보이게 되었다. 두 번째 이야기 '할머니의 놋그릇'의 원작자인 게리 박 작가님이 하와이에서 오셨고 원거리로 작업해 온 애니메이션 작가님들과도 기쁨의 순간을 함께했다. 그리고 키다리 아저씨같이 묵묵히 〈하와이 연가〉를 응원해 주셨던 어느 후원자와도 재회했다.

작년 워싱턴에서 〈하와이 연가〉를 상영했을 때, 자리에서 일어나 조용히 박수를 치시던 어르신이 있었다. 나중에 감사 인사를 드리러 갔더니 좋은 영화 만드느라 고생했다는 말만 하고 사라지셨는데, 이틀 후 하와이에 돌아왔을 때 그분이 보낸 거액의 후원금이 도착해 있었다. 그리고 국내에서 〈하와이 연가〉를 선보이게 되었다는 소식에 그분은 거주지인 애틀랜타에서 한국까지, 그리고 제천까지 와주셨다. 뵙자마자 눈물이 그렁그렁한 나에게, 응원하러 온 것이니 아무 걱정 말고 첫 상영 즐겁게 하라고 말씀하셨다. 후원인에게 결과물을 공개하면서 부담스러워 할 내 마음을 헤아리셨던 것 같다.

상영 후 늦은 밤 서울로 돌아가시면서, 먼 길 온 보람이 있었다는 말씀에 눈물이 핑 돌았다. 주책맞게 왜 자꾸 울컥하는지 생각해 보니, 그분은 나에게 제작비만 아니라 자신감, 그리고 용기도 주었기 때문이라는 걸 깨달았다. 독립영화, 나아가 창작이라는, 다분히 '비경제적인' 일을 하는 누구라도 느꼈을 법한 감정이 아닐까 싶다. 일이 지칠 때면 이 프로젝트가 나에게만 의미 있는 건 아닌지, 나 좋자고 너무 많은 사람을 고생시키는 건 아닌지 의구심을 갖곤 했다. 그럴 때 프로젝트만 보고 선뜻 큰 도움 주신 '어르신 같은 분들을 생각하면서 여기까지 올 수 있었다'라고 말씀드리는데, 말하면서 혼자 또 울컥했다. 그만 울어야 하는데, 여전히 울 일이 많다.

20th Jecheon International Music & Film Festival

The release date for *Songs of Love from Hawai'i* was set for October 30. A month earlier, in September, the film made its domestic premiere at the 20th Jecheon International Music & Film Festival. Gary Pak, the author of My Halmeoni's Brass Bowl came from Hawai'i, and I celebrated this joyful moment with the animation artists I had worked with remotely. I also had a chance to reunite with a sponsor who had quietly supported *Songs of Love from Hawai'i*.

Last year, during the screening in Washington, an elderly man stood up quietly to applaud. When I later approached him to express my gratitude, he simply thanked me for making a good film and then disappeared. Two days later, upon returning to Hawai'i, I found a significant donation he had sent. He even traveled from Atlanta to Korea and then to Jecheon to see the film's premiere. As I teared up upon meeting him, he reassured me to enjoy the screening without worry, understanding my nerves about sharing the film with its supporters.

His comment about the trip being worthwhile brought me to tears. I realized he had given me not only financial support but also confidence and courage. I think this is a feeling anyone involved in independent filmmaking or creative work can relate to. When I felt drained, I often questioned if this project was meaningful beyond my own interests and whether I was unfairly burdening others. Yet, recalling the support from generous people like him kept me going. I find myself getting emotional again. I keep thinking I should stop crying but there are still so many things that bring me to tears.

한밤이

SONGS OF LOVE FRO

함께한 사람들
Interview

리처드 용재 오닐

2023년 3월 30일, <하와이 연가> 촬영 둘째 날

용재 오닐: 안녕하세요. 비올리스트 리처드 용재 오닐입니다. 타카치 현악 4중주단 단원으로도 활약하고 있는데요, 오늘 이렇게 아름다운 와이키키에서 인사드릴 수 있게 되어 정말 감사하게 생각합니다.

이진영: 멋진 연주로 참여해 주신 이번 영화에서는 한국 여성 임옥순과 그 후손들의 이야기를 다뤘는데요, 한국계 미국인으로서 리처드 씨의 이야기도 궁금합니다.

용재 오닐: 저는 한국 전쟁 고아였던 어머니의 아들입니다. 어머니 성함은 이복순이고, 저의 미국 가족인 오닐 가에 입양되셨어요. 당시 많은 전쟁고아처럼 거리에서 떠돌다 고아원에 가게 되었고, 다행히도 호프(Hope) 재단의 도움으로 구조되셨죠. 이후 시애틀로

입양되어 그곳에서 자라셨고요. 어렸을 때는 한국이 미지의 나라처럼 느껴졌는데, 20대에 한국에서 음악가로 활동하며 그 뿌리를 찾기 시작했어요. 그래서 어머니의 나라와 가족의 유산을 찾아가게 된 거죠.

이진영: 2001년에 한국에서 연주를 시작하셨고 이제는 많은 팬들이 생겼어요. 어머니의 뿌리에 다시 연결된 기분이 어떤가요?

용재 오닐: 제가 처음 한국에 온 건 2001년 12월이었어요, 9.11 사건 직후였죠. 그때 저는 줄리어드에서 공부 중이었는데, 당시 뉴욕에 있던 사람들처럼 저도 미래가 불확실했어요. 그러다 그해 12월, 바이올리니스트 정경화 선생님께서 한국, 타이완, 일본 투어에 초대해 주셨어요. 그 여행이 제 정체성과 역사에 대한 호기심을 불러일으켰죠.
그 이후 2004년 KBS <인간극장> 등 다큐멘터리로

제 이야기와 어머니 이야기가 한국 대중분들께 소개됐어요. 저희 가족은 정말 적어요. 저랑 어머니, 딱 둘뿐이었는데, 갑자기 많은 사람이 우리를 따뜻하게 환영해 주었죠. 그게 벌써 20년 전 일이지만, 아직도 그때 한국분들이 보여준 사랑과 환대가 마음 깊이 남아있어요.

이진영: 유년 시절 누가 가장 큰 힘이 되어 주었어요?

용재 오닐: 음악 선생님들을 제외하면 가족, 특히 할머니예요. 80대에도 저를 레슨에 데려다주시는 등 힘이 되어 주셨죠. 굉장히 강인한 분이셨고, 저와 정말 많은 시간을 보냈고 가장 깊이 의지했어요. 아직도 할머니가 그립고, 제 성장에 중요한 역할을 하셨어요. 할머니는 늘 직접 칭찬하시진 않았지만, 주변 분들에게는 "우리 손주가 천재야"라고 자랑하셨어요. 저를 믿으셨던 거죠.

이진영: 할머니와의 기억 중 가장 소중한 순간은 언제인가요?

용재 오닐: 차에 함께 앉아 있었던 순간들이에요. 할머니는 큰 스테이션 웨건을 몰고 정말 빠르게 운전하셨죠. 저는 그저 우리가 무사히 도착했으면 좋겠다! 싶었어요. 그러면 정말 매번 무사히 도착하셨죠. 차에서 함께한 시간이 정말 많았고, 할머니는 저를 제일 좋아한다고 하셨어요. 매일 밤 저에게 책을 읽어주셨는데, 그때 할머니가 이렇게 말씀하셨어요. "가족 중에 네가 제일 좋아." 그래서 저를 정말 아끼신다는 걸 느꼈죠.

이진영: 지금 오닐 씨가 하고 있는 일을 정말 뿌듯해하시고 행복해하실 거예요.

용재 오닐: 만약에 마법의 타임캡슐이 있어서 과거의 사람들, 아버지나 할아버지, 할머니를 현재로 데려올 수 있다면, 모두 콘서트홀에 모시고 싶어요. 연주할 때마다 그런 생각이 들어요. 시간을 거스를 수 있다면, 그분들이 모두 여기 있으면 얼마나 멋질까요? 아무 말도 필요 없고, 그저 앉아서 보고 들을 수만 있다면 정말 좋을 것 같아요.

용재 오닐: 제가 살던 곳은 다문화 사회가 아니었어요. 몸이 불편한 어머니와 함께 살아서 어려움도 많았고, 몇몇 사람은 저와 어머니에게 정말 못되게 굴었죠. 그래서 외로웠고 음악만이 제가 편하게 할 수 있는 일이었어요. 주변 사람들은 어디서든 소속감을 느꼈지만, 저는 음악 커뮤니티를 제외한 곳에서는 소속감을 느낄 수 없었어요. 늘 외부인 같았죠.

이진영: 그런 어려움은 어떻게 극복하셨나요? 특히 청소년 시절에는 힘들었을 것 같은데요.

용재 오닐: 일단 우선순위를 정해야 했죠. 생존의 문

제니까요. 당시에는 돈도 악기도 없었어요. 그래서 성공할 수 있는 유일한 방법은 큰 위험을 감수하고 절벽 끝까지 가는 거였죠. 다행히 주위의 많은 사람들, 저의 선생님들과 후원자분들이 제가 음악을 얼마나 사랑하는지 보고 지원해 주셨어요. 정말 감사하죠. 만약 그분들이 없었다면 저는 지금 여기 앉아 있을 수 없었을 거예요. 그리고 흔히 우리가 위대하다고 하는 것들, 예를 들어 위대한 문학, 책, 예술, 음악을 가까이하며 도움을 얻었어요. 혼자만 음악을 공부하는 것보다 다른 음악가들과 함께하는 것도 좋은 자극을 주죠.

이진영: 음악이 정말 큰 도움이 되었네요. 또 어떤 방식으로 음악이 삶에 영향을 주었나요?

용재 오닐: 언어는 복잡해요. 저는 항상 〈어린 왕자〉에 나오는 여우의 말을 생각해요. 말이 모든 오해의 근원이라고 하잖아요. 하지만 음악은 번역이 따로 필요 없으니까요. 해석에 규칙이 없고, 누구나 각자의 방식으로 온전히 경험할 수 있어요.
사람들을 공연에 초대하는 건 저한테 정말 의미 있는 일이에요. 물론 그 의미가 다른 사람들에게도 똑같이 다가오지는 않죠. 그럼에도 음악은 나누는 즐거움이 있어요. 예전에 몇몇 분들은 모차르트나 베토벤, 바흐의 음악에는 관심이 없지만, 저의 연주를 보기 위해 오셨다고 했고 그중 많은 분이 지금까지도 저와 함께해 주신다는 게 정말 좋습니다.

관객 앞에서 하는 연주는 정말 특별해요. 그 순간에 모든 걸 쏟아낼 수 있고, 과거의 일이나 앞으로의 일에 신경 쓰지 않아도 되죠. 그 시간이 진정으로 마법 같은 순간이라고 말할 수 있어요. 음악가로서의 기쁨은 그 특별한 순간에 모든 걸 쏟아부을 수 있다는 거예요. 음악의 이런 부분이 정말 좋아요. 관객과 함께하는 순간에 온 힘을 다해 집중하는 법을 가르쳐주니까요. 우리가 연주하는 곡의 작곡가들은 대부분 수백 년 전에 세상을 떠났지만, 그들의 음악이 훌륭하기 때

문에 우리는 그것을 공부하고 이해하고 재창조하죠. 마치 시간이 멈춘 듯, 작곡가가 죽지 않은 것처럼 말이에요. 그런 과정을 통해 그들의 음악이 다시 살아나는 건 정말 놀라운 일이에요. 시간이 흐르면서 음악이 발전하고 변화하는 것도 멋진 일이에요.

이진영: 맞아요. 음악은 듣는 이의 기분이나 해석 방식에 따라 완전히 달라질 수 있죠. 그게 바로 음악의 마법이기도 하고요.

용재 오닐: 클래식 음악의 마법은 작곡가의 몫이라고 생각해요. 저는 곡을 만든 사람이 아니라 재창조하는 사람이기 때문에, 원작을 잘 살리려고 노력해요. 가끔은 저의 개인적인 감정이나 생각이 개입될 수 있기 때문에 조금 힘들기도 하죠. 제가 좋아하는 클래식 작곡가 중 벨라 바르톡이라는 헝가리 작곡가가 있는데요, 아마 우리가 아는 초기 민속 음악학자 중 한 명일 거예요. 1900년대 초에 활동하셨고, 제가 헝가리 타카치 콰르텟에 있는 것도 바르톡의 영향이 있죠. 그는 "민속 음악은 그 자체로 완전하다"라는 말을 했는데, 저도 그 말에 정말 동의해요. 사람들의 음악은 그 자체로 완벽하니까요.

이진영: 민속 음악을 들으면 그 음악 속에 이미 역사가 담겨 있죠.

용재 오닐: 바르톡은 작은 마을을 돌아다니며 역사에 담긴 음악을 기록하려고 했어요. 그는 옛날에 사용하던 왁스 실린더를 사용해 녹음했는데, 그만큼 그게 중요하다고 느꼈던 것 같아요. 저도 그 생각에 동의해요. 음악은 인간의 모든 감정을 담고 있죠.
제가 12세 때 워싱턴 세큄에 살았는데 요양원에서 연주한 기억이 나요. 밸런타인데이였죠. 방을 돌며 연주했는데, 어떤 분들은 행복해하시고 어떤 분들은 눈물을 흘리셨어요. 그 순간, 작은 호의가 누군가의 하루에 큰 차이를 만들 수 있다는 걸 깨달았죠. 그때의 느

낌을 지금도 잊지 못해요.

팬데믹을 겪으면서 함께하는 것이 얼마나 중요한지 깨달았어요. 공연을 할 수 없는 시절에는 저를 포함한 많은 뮤지션이 우울했죠. 팬데믹 이후에는 모든 공연을 중요시하게 되었죠. 관객분들이 시간을 내어 저를 보러 오신 만큼 최선을 다해야 해요.

이진영: 신인 뮤지션들에게 어떤 조언을 해주고 싶으세요?

용재 오닐: 실패를 받아들이는 게 중요해요. 실패는 저에게 미래를 더 잘 준비할 수 있게 해주었고, 이 길에서 계속 나아갈 힘을 줬죠. 커리어는 단거리 경주가 아니라 마라톤이에요. 과거의 경험을 쌓아가면서 발전할 수 있으니까요. 때로는 의지와 목표가 더 중요할 때도 있어요. 진짜 이 일을 사랑한다면 계속 노력하게 되죠.

저희 어머니도 정말 많은 일을 겪으셨어요. 전쟁을 겪

었고, 어렸을 때 부모를 잃었고, 상상도 할 수 없는 차별도 겪었죠. 그런데도 어머니는 정말 긍정적이고 모든 걸 털어버리고 살아가시죠. 저는 정말 예민해서 사소한 일에도 속상해하는데, 엄마는 그냥 떨쳐내고 본인의 삶을 살아가세요. 그 점이 정말 존경스러워요.

또 하나 해주고 싶은 이야기는 지금의 우리를 있게 한 헌신에 대해 기억했으면 한다는 거예요. 저는 제 조상이 누구인지 잘 모르거든요. 어머니 쪽 조부모님도 잘 모르고, 아버지에 대해서도 알지 못해요. 그래서 조금은 미지의 영역처럼 느껴지지만, 과거의 모든 분들을 존중하는 게 중요하다고 생각해요. 우리가 여기 있는 건 그분들이 길을 닦아주셨기 때문이죠. 지금 우리의 삶은 우리 혼자만의 것이 아니라 그분들의 몫도 함께 있다는 생각이 들어요. 이런 일에 대해서 생각할 때면, 저는 특히 아버지와 만나지 못한 친척들을 떠올리곤 해요. 만약 그분들이 저를 보고 계신다면, 이씨 가문, 그리고 예거 가문의 전통을 이어가는 누군가가 있다는 걸 자랑스럽게 생각해 주셨으면 좋겠어요.

한국 전쟁에 관한 이야기를 다룰 때, 그때를 기억하는 사람들과의 연결고리가 점점 없어진다는 이야기를 많이 해요. 하지만 가장 중요한 건 그분들이 우리에게 주신 것들을 잊지 않고 이런 과거의 문제들이 반복되지 않도록 하는 것이죠. 안타깝게도 세상은 끔찍하고 폭력적인 일들을 반복하는 경향이 있으니까요. 한국전쟁은 정말 끔찍했고, 여전히 끝나지 않았어요. 이 땅에서 살아가며 우리는 더 많은 이야기를 만들어 나가야 해요.

이진영: 정말 감사합니다. 마지막으로 저희를 위해 연주 부탁할 수 있을까요?

용재 오닐: 〈하와이 연가〉에서 연주한 곡 중 한 곡을 들려드릴게요. 우리 정말 천국을 돌아다니며 아름다운 곡들을 연주했거든요. '오빠 생각' 들려드릴게요!

인터뷰 | Interview

Richard Yongjae O'Neill

March 30, 2023 after the 2nd day of filming

Yongjae O'neill: Hi, my name is Richard Yongjae O'neill. I play the viola in the Takács string quartet. I am very grateful to be here at the beautiful Waikiki beach today.

Jinyoung: In our film that you played so beautifully, we followed the story of a Korean woman, Lim Ok Soon, and her descendants. We would like to know your side of the story as a Korean American.

Yongjae O'neill: I am the son of a Korean War orphan. Her name was Lee Bok-soon so not too dissimilar. She was adopted during the Korean War by my American family, the O'neills. Like many Korean orphans, she was living on the streets, ended up in an orphanage and was luckily rescued by the Hope Foundation. She was adopted to Seattle, Washington, where she was raised. Her story and her connection to Korea was something of a curiosity when I was a kid. But I started to really explore it when I entered my 20s and started working in Korea as a musician. So I was able to fulfill my family legacy of reconnecting with my mother's country.

Jinyoung: Back in 2001, you started playing in Korea and now you have a huge following there. What is it like to be reconnected to your mother's roots and heritage?

Yongjae O'neill: I first came to Korea in December of 2001 in the shadow of 9/11. I was a young student at the Julliard Art School of Music and like everyone in New York at the time, I had no idea what the future would be. But in December of that year, violinist Chung Kyung-hwa invited me to come tour South Korea, Taiwan and Japan. That trip really ignited this curiosity I had about my identity and history.

This lifelong exploration ended up in several documentaries, most notably KBS Ingan Geukjang (Human Theater) in 2004, which introduced my mom's and my own story to the Korean public. My family is very small. It's just me and my mother and all of a sudden we had all these people that embraced and welcomed us in. That's almost 20 years ago but I still feel that initial love and embrace from the Korean public.

Jinyoung: Who did you get the biggest support from?

Yongjae O'neill: Music teachers aside, I would say my family, especially my grandmother. In her 80s, she was taking me to lessons and supporting me. She was a tough person and we spent so many hours together that I think I bonded with her the most. I still miss her. She was a very important part of my development. She never told me directly, but would tell everybody else like "I have a genius little boy", so I think she believed in me.

Jinyoung: What's the fondest memory that you have with your grandmother?

Yongjae O'neill: Probably just sitting in the car. She had this big station wagon and she would drive so fast and I just sat there, like "I hope we make it!" But she powered through every time. So just hours and hours of sitting in the car together. She said I was her favorite. She used to read to me every night and that was the one time she'd let it slip. That's how I knew she liked me. She's like, "You're my favorite of all the people in the family. You're my favorite." So I was like, okay, I'll take that.

Jinyoung: I'm sure that she's really happy with what you're doing now?

Yongjae O'neill:If I could have a magic time capsule and take people back from the past, like my dad or my grandparents, I would teleport them to the present and sit them in a concert hall. Sometimes I think about that when I'm playing. If I could break time and they were here, wouldn't that be so amazing? I don't have to say anything.

They'd just sit there and they could see and hear it. It would be so nice.

Yongjae O'neill: In my community, there were no Asians, Latinos, and black people so it was a little bit hard. I also had a handicapped mother growing up so it was rough. People were really mean to me and my mother. It was sort of isolating and music was the only thing that I felt completely comfortable and non judged doing. My whole life, a lot of people just belong somewhere. I've never really felt like I belong, maybe only in the musical community, but I felt like an outsider most of the time.

Jinyoung: How did you overcome it? It must've been tough, especially when you're a teenager.

Yongjae O'neill: You put your priorities first. It's survival. We had no money and I didn't have an instrument. So the only way to succeed was to take risks and step up to the edge of the cliff and go for it. Luckily a lot of people, my teachers and patrons, saw that I loved music so much that they were willing to support me. I'm very grateful because if I didn't have all the generosity over the years, I wouldn't have been able to sit here right now. Also when you surround yourself with greatness - study something great like great literature, books, art, music - I think it helps you evolve. Not only studying music at a very intense level but also being around practitioners and other musicians helps to get on this sort of momentum. It makes you a much better person.

Jinyoung: Can you share some of the stories of what music has done to you?

Yongjae O'neill: Words are complicated. I always think of the book Little Prince and how the Fox says the words are the source of miscommunication. But music doesn't need a translator. It's like there's no way to misinterpret music. Everybody can experience it for what it is.

You try to get people to come listen to concerts because it's meaningful to you. But just because something's meaningful to you doesn't mean that others will find it the same way. But music is such a great thing to share. Some people, who had never ever heard of Mozart or Beethoven or Bach, came to see what I was about and a lot of them have stayed, which I really like.

When you're playing in front of the audiences, you're in a very unique moment. You can pour everything without worrying about things that are coming or things that you've done. It's just that moment and I think that's the true magic. The joy of being a musician is that you get to perform and pour everything into that one special moment. I really love that part of music. It teaches you how to really invest everything into the moment of being with the audience. A lot of the music we perform, the composer's been dead for hundreds and hundreds of years. But because their music is so great, you study it, understand it, live it and then recreate it for them. It's almost like time stops and that composer is never dead. I think it's an amazing process that is worth the time and the effort. I also like that things evolve and change through time.

Jinyoung: For sure. Depending on your interpretation and mood, it becomes a totally different music. And that's the magic of the music too.

Yongjae O'neill: I think the magic with classical composition is very important for the composer to win. I'm not an original content creator, I am a recreator so I do my best to serve whoever's piece it was. That can be difficult because sometimes you have your own feelings and prejudices. One of my favorite classical composers is a Hungarian composer Béla Bartók. He was probably one of our first ethnomusicologists. He lived in the early 1900s, and he's one of the reasons why I'm in my Hungarian Takács Quartet. Bartók had this phrase—folk music is complete in itself—and I really believe that. Music of the people doesn't need anything else.

Jinyoung: When you listen to folk music, it's got its own history already in the music.

Yongjae O'neill: Bartók traveled around little villages, wanting to capture the music of the history that was embedded. He took this primitive wax cylinder to record and I think he felt it was important. I really agree with that too. Music has all this humanity in it.
When I was about 12 years old living in Sequim, Washington, I was asked to go into the convalescent home and play for these elderly people on Valentine's Day. Some of the people were happy and some started crying. From that moment, I realized just a little bit of brightness in somebody's day can make all the difference. I

haven't lost that feeling of performance.

Through the pandemic we really realized that being together is very important. When we couldn't hold concerts, musicians, including myself, were very depressed. Every concert matters. So you better do your best because they've given you their time, their most precious commodity, to come hear you play.

Jinyoung: What advice would you give to aspiring musicians who are just starting their musical career?

Yongjae O'neill: I think embracing failure is important. Failures helped me prepare more for later in life and gave me strength to stay in this career path. It's a marathon, not a sprint. You build on past experiences so you can improve. Sometimes your intention is more important. If you really love it that much, you keep working.

My mother has been through a lot. She lived through the war, losing her parents when she was a toddler and discrimination I can't even imagine. But she's still really positive and she lets everything go. Because I'm overly sensitive, I get upset by so many things. But she just lets it go and lives her life. I really admire that about my mom.

The other lesson I would say, it's about ancestors. I don't really know any of my ancestors. I can't say my biological grandparents or who my father is. So I live in this sort of land of make believe, but I think you should do your best to honor all the people that came before you. We're here because

they paved the road. Who knows what sacrifice they went through? So our life is not just our own but also of all the people that came before us. I like to think of that tradition especially for my dad and relatives I never got to meet. If they can see me, I hope they are proud that someone is keeping things going for the Lee family, the Yeager family.

When we deal with people's stories about the Korean War, we talk about not having anybody alive and that we won't have any connection. But the most important thing is to never forget those people and what they gave us to avoid problems like that again. Because unfortunately, we tend to repeat these horrible, terrible, destructive cycles. The Korean War was horrible and still isn't resolved. If the land could talk and could remind us of everything that's happened here, I'm sure it would tell us a lot of things. So it's our job to tell the stories and keep them alive.

Jinyoung: Thanks so much Richard. Lastly, I was wondering if there's any music that you could play for us.

Yongjae O'neill: I think we could offer a little teaser of one of the three musics in episode two. We've been traveling around paradise playing all these beautiful songs. I think maybe the most environmentally inspired might be Brother. Let's give that a whirl!

PBS 인터뷰 (2024년 9월 17일)

참석자: PBS 진행자 **척 파커**, 감독 **이진영**, 바이올리니스트 김지연, 슬랙키 기타리스트 **케올라 비머**

척 파커: 인터뷰에 앞서 먼저 이진영 감독님, 좋은 영화 완성한 것 축하드립니다. 이번 영화를 통해 특별한 스토리텔링 방식을 선보이셨죠. 역사를 그래픽과 아름다운 음악으로 엮어 100년이 넘는 이야기를 전하는 방식이 참 인상적이었어요. 이런 콘셉트는 어떻게 떠올리게 되셨나요?

이진영: 영화를 만들면서 이 아름다운 이야기를 최대한 많은 사람과 나누고 싶었어요. 저는 음악이 말보다 감정이나 의미를 더 강하게 전달할 수 있다고 생각해요. 특히 지연 씨나 케올라 씨처럼 훌륭한 연주자들이 연주할 때는 더욱 그렇죠. 음악은 감정에 깊이를 더해 주고 언어와 상관없이 누구나 공감할 수 있는 보편적인 매력이 있다고 생각해요. 그래서 이 영화에서 음악이 중요한 역할을 하기를 바랐어요.

척 파커: 그렇다면 정말 성공하신 것 같아요. 음악이 서사를 아름답게 묶어주더군요. 케올라 씨, 이 프로젝트에 함께하신 소감이 어떠셨는지 들려주실 수 있나요?

케올라 비머: 물론이죠. 우선 진영 감독님이 예전에 작업하신 영상을 보내주셨는데, 정말 뭉클했어요. 우아하면서도 단순한 음악도 마음에 쏙 들었고요. 특히 첫 장면에서 배랑 안개 경적 소리가 나올 때, 자연스럽게 과거 이민자들의 엄청난 여정이 떠오르더라고요. 우리 조상들을 음악으로 기릴 수 있다는 게 저한테는 정말 큰 의미가 있었어요.

척 파커: 감사합니다, 케올라 씨. 또 샤론 앤 마티나가 씨가 이런 메시지를 남겼네요. "정말 아름다운 영화네요! PBS 하와이와 모든 관계자분께 감사드려요." 지연 씨는 이번 프로젝트에 참여하면서 어떠셨나요?

지연: 이렇게 아름다운 프로젝트에 참여할 수 있어서 정말 영광스러웠어요. 저도 이민자로서, 우리 조상들의 헌신과 희생 덕분에 제가 미국에서 훨씬 더 쉬운 길을 걸을 수 있었다고 생각하고 감사함을 느껴요. 그래서 이번 영화에 참여한 게 저에게도 참 의미 있는 경험이었고요. 진영 감독님이 저를 초대해 주셨을 때 너무 기뻤고, 케올라 씨랑 만나서 음악을 함께 만들고, 칼라우파파 같은 영적인 장소에서 연주할 수 있었던 게 정말 특별했어요.

척 파커: 그렇군요, 얘기해 주셔서 감사해요. 감독님, 이번 영화의 음악을 어떻게 선택하셨는지 설명해 주실 수 있을까요? 각 곡마다 어떤 사연들이 있었는지도 궁금해요.

이진영: 음악은 이 다큐멘터리에서 정말 중요한 역할을 해요. 멜로디뿐만 아니라 노래의 배경과 이야기들 역시 영화의 내러티브와 맞도록 했습니다. 예를 들어 '대니 보이'는 하와이 노래는 아니지만, 어머니가 아들에게 작

별 인사를 하는 내용이어서 저희가 강조하고 싶은 감정과 맞닿아 있었어요. 음악 감독인 이그나스 장 씨를 비롯해 다양한 작곡가와 함께 긴밀히 협력하면서 아름답고도 의미 있는 음악을 찾으려고 노력했어요.

척 파커: 로버트 펜배커 씨가 이런 메시지를 남겨주셨네요. "제 증조부모님이 1905년에 한국에서 하와이로 이민 오셨습니다. 이 아름다운 영화로 그들을 기려주셔서 감사합니다." 케올라 씨와 지연 씨, 이런 점을 염두에 두고 연주해 보신 적이 있으신가요?

케올라 비머: 이번이 지연 씨와의 첫 작업이었는데, 정말 즐거웠어요. 그녀는 훌륭한 아티스트예요. 저희 모두 조상들의 굉장한 여정을 사람들과 나누고 그들에 대한 기억을 되살리고 싶었죠. 이렇게 재능 있는 바이올리니스트와 함께 연주할 수 있어 영광이었습니다.

지연: 매 순간이 즐거웠어요. 케올라 씨를 만나 많은 영감을 얻었어요. 정말 감격스러웠어요! 바람 때문에 머리카락과 메이크업이 망가지는 등의 어려움이 있었지만, 그런 건 아무 상관 없었어요. 저희는 숨 막히게 멋진 장소에서 함께 아름다운 음악을 만들어가고 있었으니까요. 그곳의 영혼에 감동했달까요.

이진영: 저도 지연 씨 말에 전적으로 동의해요. 저에게 이 프로젝트는 단순히 영화 제작이 아니라, 칼라우파파든 어디든 장소를 불문하고 우리 이전에 존재하던 분들을 기리는 일이었어요. 작업하는 동안 그들과의 강한 연결고리를 느낄 수 있었죠.

척 파커: 글로리아 박 씨가 이렇게 댓글을 남기셨네요: "조상들과 살아 있는 문화를 기리는 감동적인 영화입니다. 제작자, 예술가, 그리고 모든 분께 깊은 감사를 드립니다." 진영 씨, 이번 프로젝트에서 원하던 목표를 이루셨나요?

이진영: 네, 처음 생각한 것보다 훨씬 더 많은 것을 이루었어요. 음악가들, 팀원분들, 그리고 영화 속 하와이 언어의 오류를 직접 고쳐주신 프로그래머 척 씨 같은 분들이 준 뜻밖의 도움도 많았고요. 〈하와이 연가〉의 여정은 저에게 정말 큰 영광이었습니다. 한 가지 나누고 싶은 이야기가 있어요. 영화가 세상에 공개된 지 얼마 안 되었을 때 제작비가 모자라 저작권 문제를 해결하지 못하고 있었는데요. 어떤 독지가가 거액의 후원금을 주시면서 이 영화가 더 많은 분을 만날 수 있게 해달라는 얘기를 하셨어요. 그날 저녁 바로 케올라 비머 씨에게 연락해서 기쁜 소식을 나누었더니, 비머 씨가 그러시는 거예요. 〈하와이 연가〉는 보이지 않는 손길이 도움을 주고 있다는 걸 느끼신다고요. 그러면서 절대로 용기 잃지 말고 천천히 잘해 나가라는 말씀을 해주셨는데 그게 얼마나 감사했는지 몰라요.

케올라 비머: 기억하죠, 물론. 저는 분명 느낄 수 있어요. 〈하와이 연가〉는 보이지 않는 손길의 힘을 받고 있다는 걸요. 영화에 담긴 알로하의 정신이 더 넓은 세상과 만나면 좋겠습니다.

척 파커: 청취자분들 중 한 분이 질문해 주셨습니다. "진영 씨, 영화에 사용된 아카이브 자료를 찾는 데 어려움이 있었나요?"

이진영: 아카이브 자료를 찾는 건 어려우면서도 매력적인 작업이었어요. 촬영을 시작하기 전에 이야기를 전달할 수 있는 좋은 이미지가 필요했죠. 감사하게도 한국학 센터와 하와이 주립 아카이브를 포함한 여러 기관이 저희를 도와주셨습니다.

척 파커: 오늘 함께해주셔서 감사합니다. 칼라우파파에서 촬영하면서 특별히 기억에 남는 순간들이 있을 것 같은데요. 케올라 씨, 먼저 이야기해 주시겠어요?

케올라 비머: 네, 물론이죠. 실은 다시 칼라우파파에 가게 되어 가슴이 벅차올랐어요. 너무 오랜만에 가 본 거라 감회가 새로웠죠. 어릴 때는 그곳에서 주말마다 낚시를 했는데, 그 기억들이 다 떠오르더라고요. 예전에 가족들과 함께 그곳에서 음악을 연주한 것도 기억나고요. 그 공동체의 일원으로 함께했다는 기쁨이 제게는 정말 큰 의미가 있거든요.

척 파커: 정말 특별한 경험이네요. 진영 씨, 영화 감독으로서 그 장소가 주는 감동을 많이 느끼셨을 것 같은데요. 특별히 기억에 남는 순간이 있으신가요?

이진영: 하나만 고르기 어려운데요, 제 개인적인 여정을 떠올려 보면, 제가 25세에 하와이로 이주했을 때 초반 몇 년이 참 힘들었어요. 아름다운 자연경관에도 불구하고 제자리를 찾기가 어려웠죠. 그러다 임옥순 선생님 같은 분들을 알게 되면서 희망을 찾았어요. 낯선 땅에서 아름다운 가정과 공동체를 만들어낸 그분의 이야기가 큰 위안이 됐어요. 나병 환자가 아니어도 칼라우파파로 끌려갔던 분들의 이야기를 들으면서 많은 영감을 받았어요. 그분들이 자신들만의 공동체를 만들어가는 과정을 보면서 저도 새로운 환경에서 잘 적응할 수 있겠다는 용기를 얻었어요. 역사와 제 삶이 연결되는 느낌이었죠.

케올라 비머: 정말 아름다운 이야기네요. 특별한 경험을 공유해 줘서 감사합니다.

척 파커: 네, 맞습니다. 진영 감독님, 영화의 영어 제목 〈하와이 연가〉에 대해 조금 더 설명해 주시겠어요? 어떻게 이런 제목을 짓게 되었나요?

이진영: 121년 이민의 역사를 한마디로 정의하면 저는 그게 '사랑'이라고 생각해요. 가족, 고향, 그리고 공동체에 대한 사랑이 우리를 앞으로 나아가게 했죠. 이 영화는 우리보다 앞서간 분들에 대한 헌사이며, 앞으로도 그 사랑을 이어가길 바란다는 메시지를 전하고 싶었어요.

척 파커: 정말 아름답네요. 한국에서는 전국 극장 개봉을 앞두고 있다고 들었어요. 축하드립니다! 그 과정은 어떻게 진행되었는지 이야기해 주실 수 있나요?

이진영: 감사합니다! 정말 믿기지 않는 일이에요. 게리 작가님의 노력과 지연 씨, 리처드 씨의 아름다운 연주 덕분에 한국의 극장들에 연락을 드렸는데, 사실 큰 기대는 안 했거든요. 그런데 멀티플렉스의 프로그래머들도 우리 이야기를 감명 깊게 봐 주시고, 한국의 관객들에게도 울림을 줄 수 있을 것 같다고 하더라고요. 그래서 정말 기쁘게도 10월 30일에 전국 상영관을 통해 개봉을 하게 되었어요. 독립영화로는 정말 이례적인 일이라고 해요!

척 파커: 다시 한번 축하드립니다! 케이틀린 크로웬 씨가 이런 댓글을 달았어요. "아주 감동적이고, 한마디로 다양한 기법과 아름다운 연주의 환상적인 조화라고 표현할 수 있겠네요." 이와 관련해서, 이런 역사를 기록하는 것이 왜 중요한지, 특히 미래 세대에게 어떤 의미를 갖는지 여쭤볼 수 있을까요?

케올라 비머: 이런 이야기를 전하는 건 정말 중요해요. 우리가 어디에서 왔는지, 그리고 과거에 어떤 어려움이 있었는지 미래 세대가 알 수 있도록 하죠. 그런 교훈은 결국 아이들이 자신의 삶을 헤쳐 나가는 데 큰 도움을 줄 거예요. 저 역시 진영 감독님의 이런 비전에 함께할 수 있어 정말 감사하게 생각합니다.

지연: 맞아요. 후세에게 그들의 뿌리를 가르치는 건 정말 중요해요. 우리보다 앞서간 분들의 사랑과 희생을 인정할 때, 아이들은 더 나은 미래를 위해 노력하고 열심히 살아가려는 동기를 얻죠. 다큐멘터리 같은 작품이 그런 영감을 주고, 마음의 양식이 될 수 있다고 생각해요.

케올라 비머: 저도 덧붙이자면, 하와이 철학에서는 조상들을 기억하는 것을 굉장히 중요시해요. 우리는 각자 수많은 조상의 사랑을 품고 살아가고 있죠. 이 영화는 그 연결성을 다시 상기시켜 주는 작품이에요.

이진영: 케올라 씨, 정말 좋은 말씀 해주셨어요. 다큐멘터리를 통해 과거를 배우는 건 우리를 계속 겸손하게 하고, 미래 세대를 위해 의미 있는 일을 해야 한다는 책임감을 일깨워 줘요.

척 파커: 모두 정말 좋은 말씀입니다. 진영 씨, 앞으로 계획 중인 프로젝트도 있으신가요?

이진영: 네, 맞아요! 지금은 이번 영화를 더 많은 사람에게 알리는 데 집중하고 있어요. 다음 달에는 워싱턴 DC와 애틀랜타에 갈 예정이에요. 그리고 내년에는 오사카나 캘리포니아처럼 다른 지역의 이야기도 다뤄보고 싶어요. 이민자들의 이야기는 세계 어디에서나 찾을 수 있고, 공감할 수 있는 주제라고 생각해요. 충분히 탐구할 가치가 있는 이야기이기도 하고요.

케올라 비머: 정말 멋지네요. 진영 씨의 여정이 앞으로 어디로 향할지 정말 기대됩니다!

척 파커: 이제 마무리할 시간이네요. 마지막으로 소감 한마디씩 나눠 볼까요? 지연 씨부터 부탁드릴게요.

지연: 진영 씨, 케올라 씨와 함께 이야기할 수 있는 자리 마련해 주셔서 감사합니다. 〈하와이 연가〉를 응원해 주시는 모든 분께 감사드리고, 이 여정에 함께할 수 있어서 정말 영광이었습니다.

케올라 비머: 저도 같은 마음이에요. 우리의 이야기를 이렇게 잘 담아 주시고 우리 공동체를 위해 애써 주셔서 감사드려요. 이 영화에 함께할 수 있어서 진심으로 감사한 마음입니다.

이진영: 〈하와이 연가〉를 응원해 주신 모든 분께 진심으로 감사드립니다. 특히 이 여정을 함께하고 언어적 한계를 극복할 수 있도록 도와주신 척 씨에게 깊은 감사의 마음을 전합니다. 케올라 씨와 지연 씨와 함께 작업한 건 정말 꿈만 같았어요. 앞으로도 다음 세대를 위해 아름다운 이야기를 계속해서 전하겠습니다.

척 파커: 모두 수고하셨습니다. 오늘의 토론은 여기서 마치겠습니다. 함께 해주신 여러분, 그리고 질문을 보내주신 분들께도 감사드립니다. 마할로, 그리고 알로하!

Articles

Film & Television

PBS Hawai'i Presents *Songs of Love From Hawai'i*

Tune in for a documentary about Korean-American music, history and heritage in Hawai'i.

PBS Interview (September 17, 2024)

Participants: PBS Moderator **Chuck Parker**, **Jinyoung Lee** (Director), **Chee-Yun** (Violinist), **Keola Beamer** (Slack Key Guitarist)

Chuck Parker: Can everyone hear me okay? I can't see you, so our staff will let me know if there are any issues. I want to congratulate Jinyoung on her unique storytelling technique that incorporates history, graphics, and beautiful music to tell a story spanning over 100 years. Jinyoung, can you explain how you came up with this concept?

Jinyoung Lee: My goal in creating this film was to share our beautiful story with as many people as possible. I believe music can convey emotions and meaning more powerfully than words, especially when performed by talented musicians like Chee-Yun and Keola. Music adds emotional depth

and universal appeal, regardless of whether the audience speaks Korean or English. I wanted the musical aspect to be a key part of this film.

Chuck Parker: You've certainly succeeded; the music binds the narrative together beautifully. Keola, can you share your experience being part of this film?

Keola Beamer: Absolutely. Jinyoung sent me a video showcasing some of her previous work, which really touched my heart. There's an elegant simplicity to the music that I loved. For instance, the opening scene with the ocean liner and foghorn brought me back in time, reflecting on the incredible journey of those immigrants. Honoring our ancestors through music means a lot to me.

Chuck Parker: Thank you, Keola. We also have a comment from Sharon Ann Matinaga: "What a beautiful film! Thank you so much to PBS Hawai'i and everyone involved." Chee-Yun, what are your thoughts on being part of this project?

Chee-Yun: It was such an honor to be part of this beautiful project. As an immigrant myself, I feel fortunate for the easier path I have in America, thanks to the hard work of our ancestors. Being involved in this film was truly meaningful to me. I was excited when Jinyoung invited me to join, and meeting Keola and making music together in such a spiritual place as Kalaupapa was incredible.

Chuck Parker: Thank you for sharing that. For our audience, I understand there are some audio issues, so we'll speak up as best we can. Jinyoung, can you walk us through how you selected the musical pieces for the film? Was there a story behind each choice?

Jinyoung Lee: Music plays an essential role in this documentary; it's not just about melody, but also about the background and stories that align with the film's narrative. For example, while "Danny Boy" is not a Hawaiian song, it conveys a mother's farewell to her son, reflecting the emotions we wanted to amplify. I worked closely with Iggy Jang, our music director, and various composers to find music that is both beautiful and meaningful.

Chuck Parker: We have another comment from Robert Penbacker: "My great-grandparents arrived in Hawai'i from Korea in 1905. Thank you for honoring them with this beautiful film." Kiola and Chee-Yun, have you performed in this context before?

Keola Beamer: This was my first time working with Chee-Yun, and it was an absolute joy. She is an incredible artist. I think we all wanted to share the amazing journey of our ancestors and refresh their memories in our hearts. It was a privilege to play alongside such talented violinists.

Chee-Yun: I enjoyed every moment of it. Meeting Keola was inspiring; I was star-struck! Despite the challenges, like the wind messing up my hair and makeup, it didn't matter because we were creating beautiful music together in a breathtaking location. The spirit of the place moved us deeply.

Jinyoung Lee: I completely agree with Chee-Yun. For me, this project was not just about filmmaking; it was about honoring the souls who came before us, whether in Kalaupapa or elsewhere. I felt a strong connection to our ancestors while working on this.

Chuck Parker: Gloria Park commented, "What a moving film honoring the ancestors and living culture. Deep gratitude to the makers, artists, and all involved." Jinyoung, did you achieve what you set out to do with this project?

Jinyoung Lee: Yes, I achieved much more than I initially hoped for. Thanks to the musicians, crew, and Chuck, who helped refine my Hawaiian language skills, I found unexpected support along the way. This journey has been an honor for me.

Keola Beamer: I believe projects like this are supported by unseen hands, and I felt that throughout the process.

Chuck Parker: We have a question from the audience: Jinyoung, how difficult was it to find the archival material used in the film?

Jinyoung Lee: Finding archival material was a challenging yet fascinating process. I needed quality images to tell the story before we began filming. Many organizations, including the Center for Korean Studies and the Hawai'i State Archives, generously provided their resources to help us create this documentary.

Chuck Parker: Thank you all for joining us today. Let's start with some reflections on the moments that stood out to you during your time in Kalaupapa. Keola, would you like to share your thoughts?

Keola Beamer: Oh, absolutely. Being in Kalaupapa again was overwhelming. I hadn't been there in so many years. When I was younger, I spent weekends fishing there, and those experiences flooded back. I also recall playing music there with my family long ago. The joy of being part of that community meant so much to me.

Chuck Parker: That sounds special. Jinyoung, as a filmmaker, you must appreciate that sense of place. Is there a particular moment that resonates with you?

Jinyoung Lee: It's tough to pick just one, but if I reflect on my personal journey, I moved to Hawai'i at 25, and the early years were challenging. Despite the beauty of the landscape, I struggled to find my place here. It was during my exploration of stories like that of Imokson—a woman who created a beautiful family and community in a new land—that I found hope. Hearing the tales of people taken to Kalaupapa, even those who didn't have leprosy, inspired me. They built their own community, which gave me courage to thrive in this new environment. It felt like connecting with history on a personal level.

Keola Beamer: That's a beautiful story. Thank you for sharing that.

Chuck Parker: It truly is. Jinyoung, can you elaborate on the title of the film, *Songs of Love from Hawai'i*? What inspired that?

Jinyoung Lee: The word 'love' encapsulates our 121 years of history. It's the love for family, homeland, and community that propelled us forward. This film is a tribute to those who came before us, and I hope it sends a symbolic message for future generations to carry on that love.

Chuck Parker: That's beautiful. I understand there's a national release in Korea coming up. Congratulations! Can you share how that came about?

Jinyoung Lee: Thank you! It's been incredible. Thanks to Gary's contributions and the beautiful music performed by Chee-Yun and Richard, I reached out to theaters in Korea not expecting much. But the programmers were moved by the story and felt that it would resonate with Koreans. So, we're thrilled to have a nationwide release on October 30th!

Chuck Parker: Congratulations again! A comment from Katelin Crowen says, "Very moving, simply told—a compelling mix of formats and beautiful music performed live." That leads me to ask about the importance of documenting these histories, especially for future generations. Who would like to share their thoughts?

Keola Beamer: It's essential to pass these stories on. They provide context for younger generations about where they came from and the struggles of the past. These lessons can help guide them in navigating their own lives. I'm grateful to be a part of Jinyoung's vision.

Chee-Yun: Absolutely. Teaching future generations about their roots is vital. When we acknowledge the love and sacrifices of those before us, it inspires them to strive for better and work hard. Documentaries can provide that inspiration, serving as nourishment for the soul.

Keola Beamer: If I may add, Hawaiian philosophy emphasizes the importance of remembering our ancestors. Each of us carries the love of thousands who came before us. This film reminds us of that interconnectedness.

Jinyoung Lee: That's beautifully said, Keola. Learning about the past through documentaries helps us stay humble and reminds us of our responsibility to contribute meaningfully for future generations.

Chuck Parker: Well said, everyone. Jinyoug, do you have any upcoming projects in the works?

Jinyoung Lee: Yes! My focus now is on sharing Songs of Love with broader audiences. We'll be heading to Washington, DC, and Atlanta next month. Next year, I'd love to explore stories from other places, like Songs of Love from Osaka or Songs of Love from California. The diaspora narrative is universal and deserving of exploration.
Keola Beamer: That sounds fascinating. I'm eager to see where your journey takes you!

Chuck Parker: Before we wrap up, let's go around for final thoughts. Chee-Yun, would you like to start?

Chee-Yun: I just want to express my gratitude for this experience and for sharing this panel with Jinyoung and Keola. Thank you to everyone who supports Songs of Love from Hawai'i. It's been an honor to be part of this journey.

Keola Beamer: I echo that sentiment. I appreciate all that you have done for our stories and our community. I'm grateful to be part of this film.

Jinyoung Lee: Thank you to everyone who watched our film and supported us. I'm especially thankful to Chuck for guiding me through this process and helping me with my language challenges. Working with Chee-Yun has been a dream come true. I promise to continue sharing beautiful stories for future generations.

Chuck Parker: Thank you all for your contributions. This concludes our discussion. Thank you for joining us, and thank you for your questions. We appreciate your feedback, which helps us improve our screenings. Remember, Songs of Love from Hawai'i premieres on PBS Hawai'i on Thursday, September 26th, at 8:30 PM and will be available on our website for two weeks after the broadcast. On behalf of myself, our panelists, and PBS Hawai'i, mahalo and aloha!

배우 예수정

'내가 뭘 할 수 있겠어…?'
엄마 아빠는 일본 순사에게 총살당하고 고아원에 맡
겨진 아이. 조금 자라 소녀가 되자 남의 집 식모살이
를 한다. 그러곤 조금 성장하자 사진 결혼을 한다. 당
시 하와이 사탕수수밭 노동자의 결혼 정책의 하나로
한국 처녀와 대면 없이 사진만 주고받고 하던 결혼 방
식이다. 아직 소녀티가 가시지 않은 17세 옥순은 인천
항에서 하와이행 배를 탄다. 낯선 땅에서 펼쳐질 낯선
남자와의 삶, 그 두려움과 막막함 속에서 그저 삶이라
는 끈을 붙잡는다. 주어진 삶을 겸허히 받아들이는 옥
순의 모습에 가슴이 흔들린다. 삶을 이토록 소중히 여
긴 적이 내게도 있었나? 거저 주어진 삶, 더하여 거저
얻어진 모든 행운 앞에서도 불평이 앞서진 않았나?
울타리가 되어주지 못한 나라, 그런 고국의 독립을 위
해 땀에 전 동전을 꼬박꼬박 모아 보낸다. 동전을 꼭
쥐었던 손으론 주린 배를 누르고 잡풀도, 개미도 먹어
가며 살아낸다. 후손 게리 박 작가는 할머니와의 대화
를 기억해 이 작품을 썼다. 우리에게 삶의 경이로움을
느끼게 한다.

Actress Ye Su-Jeong

"What can I do…?"
A girl orphaned by Japanese soldiers grew
up to be a maid before entering into a photo
marriage — a practice among Hawaiian sugar
plantation workers where Korean women married
without meeting, only exchanging photographs.
At just 17, Ok-soon boarded a ship to Hawai'i from
Incheon Port, facing fear and uncertainty in a new
land with a stranger. Her humble acceptance of
her life stirs my heart. Have I ever cherished life
this way? In a country that failed to protect her,
she diligently saved coins from her hard work to
support her homeland's independence, surviving
on weeds and ants. Her descendant, Gary Pak,
wrote this piece, inspired by conversations with
his grandmother, reminding us of life's wonders.

바이올리니스트 이그나스 장

혼자일 때보다 함께일 때, 훨씬 멋진 일을 할 수 있다는 걸 깨닫게 해준 프로젝트였어요. 하와이의 이민사, 나아가 전 세계 이민자의 이야기는 만국 공통이라는 걸 배웠지요. 그건 곧 우리 모두의 이야기라는 사실을요.

〈하와이 연가〉는 보편적인 동시에 개인적인 감정을 불러일으키는 이야기입니다. 친구인 이진영 감독과 이 프로젝트에 몰입했던 시간을 통해 많은 것을 깨달았습니다. 저의 부모님이 표현하기 어려워했던 그분들의 여정을 이해할 수 있었고, 하와이의 아름다움—이곳의 사람들, 역사, 정신—을 배울 수 있었지요. 진영이 자주 말하듯이, "이야기는 하지 않으면 사라지고, 우리는 영영 알 수 없습니다."

Violinist Ignace Jang

Being a part of something that is so much greater than just what each individual can bring, learning about the history of all immigrants all over the world—it is a universal topic that affects all of us. The stories of Songs of Love from Hawai'i feel both universal and deeply personal. Being immersed in this film project with my friend Jinyoung was so enlightening. It opened my eyes to my parents' journey, which they have struggled to express. It also taught me about the beauty of Hawai'i. Its people, its history, its spirituality. As Jinyoung says, "If you don't tell the story, people don't know."

이예지

〈하와이 연가〉 공동 프로듀서, SM엔터테인먼트 IP
EXPANSION 센터 이사 겸 SM C&C 콘텐츠사업부
문 부문장)

〈하와이 연가〉의 이진영 감독은, 제 대학교 동기입
니다. 저희 과에서 누구보다 빛났던 친구입니다. 외
모며, 성격이며, 뭐 하나 못난 구석이 없었습니다. 타
고난 외모와 재능만으로도 충분할 것 같은데, 매사에
또 얼마나 열심인지…. 오케스트라 활동에, 인턴십에,
봉사활동까지, 대학 4년 내내 시간을 허투루 쓰는 걸
보지 못했습니다. 이변이 없는 한, 졸업 후 '가장 잘나
갈' 친구임이 틀림없어 보였습니다.

그런 진영이가 결혼과 함께 미국이라는 낯선 땅으로
떠났습니다. 하와이에 자리를 잡은 진영이는, 여행책
도 출간하고, 한인 방송사 앵커로도 일하며, 한국에
서와 마찬가지로 바삐 살았습니다. 역시나 멋지게 잘
살고 있다고 생각했습니다. 그러던 어느 날, 회사 워
크숍으로 진영이가 살고 있는 하와이에 가게 되었습
니다. 그곳에서 진영이의 삶을 눈으로 직접 보게 되
었는데… 이상하게도 마음 한구석이 아팠습니다. 이
낯선 땅에서, 지금의 역할을 해내기까지, 얼마나 고
군분투했을지, 얼마나 외로웠을지… 제가 미처 몰랐
던 진영이의 지난 10년이 눈에 선하게 그려지는 느낌
이었습니다.

진영이는 제 결혼 부케를 받은 친구이기도 합니다.
비슷한 시기에 결혼을 했고, 저보다 조금 늦게 아이
를 낳았지만 똑같이 두 아이의 엄마이기도 합니다.
그러다 보니 누구보다 깊게 서로의 이야기를 나누곤
하는데, 한국에 올 때면 얼핏얼핏 보였던 진영이의
그늘이 어떤 연유에서였는지 어렴풋이 느낄 수 있었
습니다.

그러던 진영이가 어느 날부터 다시 반짝이기 시작했
습니다. 직업적 특성상 하와이 한인 유명 인사들을
인터뷰할 기회가 종종 있는데, 그분들과의 만남 후엔

어떤 이야기를 나눴고, 어떤 감동을 받았는지 신이
나서 시간 가는 줄 모르고 이야기하곤 했습니다. 이
러한 시간이 쌓여 이진영 감독의 첫 작품 〈무지개 나
라의 유산〉이 탄생했고, 눈덩이처럼 일이 커지며 10
월 30일 전국 개봉을 앞둔 〈하와이 연가〉까지 이어
지게 되었습니다.

진영이가 들려주는 이야기는 마치 할머니의 옛날이야
기 같은 감동이 있었습니다. 1902년부터 3년간 약 7
천 명의 선조들이 하와이로 떠났고, 한 달 넘게 배를
타고 도착한 낯선 땅에서 사탕수수밭 노동자로 힘겹
게 살아가면서도, 고국의 독립운동을 위해서라면 아
낌이 없었던 우리네 할아버지 이야기. 그리고 다시금
시간이 흐른 후, 사진 한 장 교환하곤 꽃다운 나이에
홀로 그 먼 길을 떠나 '낯선 땅에서 처음 만난 이의 아
내로 평생을 살아가며, 자식만큼은 열과 성을 다해 키
워낸 우리네 할머니 이야기까지…. 한 명 한 명의 인
생사가 모두 다 드라마였기에 저 또한 이 이야기들에
빠져들었고, 진영이의 제작 과정에 도움을 주지 않을
수 없었습니다. 얼떨결에 재능기부가 시작된 거죠.

선조들의 이야기를 전할 때면, 진영이는 항상 "내가
얼마나 많은 사랑을 받고 있는지 느껴진다"는 말로
이야기를 마무리하곤 했습니다. 하와이 이민 선조들
의 희생과 사랑 덕에 지금의 행복이 가능함을 깨닫게
된 거죠. 그 큰 사랑을 느끼기 시작한 순간, 진영이는
다시금 밝게 빛나기 시작했습니다. 대학생 시절, 그때
그 모습처럼요.

〈하와이 연가〉와 함께, 이러한 진영이의 변화가 우리
의 삶에도 찾아오길 바라봅니다.

Yea Jee Lee

(Co-Producer Songs of Love from Hawai'i)

Director Jinyoung Lee is a dear college friend of mine. She was the brightest student in our department, excelling in both appearance and character. Despite her natural beauty and talent, she worked tirelessly, never wasting a moment during our four years together. It was clear she would be the most successful among us after graduation.

After marrying, Jinyoung moved to the U.S. and settled in Hawai'i. She published a travel book and worked as a news anchor, living what I thought was a wonderful life. However, during a visit for a company workshop, I sensed a pang in my heart, realizing how much she must have struggled to adapt in a foreign land. The challenges of the last ten years became clear to me.

Jinyoung caught the bouquet at my wedding, and though we married around the same time, we became close as mothers of two. When she visited Korea, I noticed a shadow over her, but didn't understand its cause at the time.

Then one day, Jinyoung began to shine again. As she interviewed prominent figures in the Korean community, she would excitedly share their stories with me, which eventually led to her first film, *Words of Wisdom from the Rainbow State*, and her latest project, *Songs of Love from Hawai'i*, set to release nationwide on October 30th.

The tales she tells are as poignant as those our grandmothers shared. Between 1902 and 1905, around 7,000 of our ancestors journeyed to Hawai'i, facing hardships as sugarcane plantation laborers while sacrificing for Korea's independence. Among them were the grandmothers who traveled alone after exchanging just one photograph, meeting their husbands for the first time in this new land.

These stories captivated me, and I began volunteering my skills to support Jinyoung in her filmmaking process. Whenever she shared these ancestral tales, she would conclude, "I've come to realize how much love I've received." She recognized that our happiness today is rooted in the sacrifices and love of Korean immigrants in Hawai'i. As Jinyoung embraced this love, she began to heal and shine brightly once more, just as she did in college. With *Songs of Love from Hawai'i*, I hope that the transformation Jinyoung experienced also finds its way into our lives.

언젠가 하와이에 온 소설가 무라카미 하루키를 인터뷰했을 때 그에게 물었다. "아무리 많은 말이 오가더라도 세상은 여전히 불길하고, 글을 읽는 것만으로는 고통에 처한 아이들을 구할 수도 없습니다. 당신이 생각하는 문학의 효용은 무엇입니까?" 그가 답했다.

"좋은 스토리라면, 읽는 이의 감정은 물론이거니와 행동도 바꿀 수 있다고 믿어요. 훌륭한 이야기는 만국 공통입니다. 한국, 미국, 러시아, 베트남에 있는 이들은 모두 각기 다른 언어를 사용하지만 좋은 이야기를 만나면 똑같이 감동하고 슬퍼하고 즐거워하죠. 국가 간 분쟁은 더 심화하고 있지만 이야기는 그 어떤 정치 분쟁, 사회 분쟁보다 큰 힘이 있습니다."

지난 3년 반, 〈하와이 연가〉의 여정 속에서 많은 이들의 도움을 받았다. 꿈을 꾸고 있을 때는 혼자인 것 같았는데, 그 꿈을 향해 뚜벅뚜벅 걸어가다 보니 의외로 많은 이들이 도움의 손길을 내밀어주었다. 역사 속 선조들의 이야기는 서로에게 낯선 타인일 뿐인 우리를 연대하게 해주었다. 무라카미 하루키의 말이 옳았다.

특히 최태성 선생님, 이예지, 방경은이 없었더라면 영화도, 책도 나올 수 없었을 것이다. 게리 박 작가님, 예수정 배우님, 이그

나스 장, 김지연 님, 리처드 용재 오닐, 케올라 비머 또한 출연
자라기보다는 제작자라고 하는 게 맞을 정도로 큰 역할을 했다.
탐 크리에이티브의 황정현 감독님, 촬영감독 파월 누코브스키,
그리고 사랑하는 가족의 도움도 오래 기억하려 한다. 영화 탄생
하기까지의 크고 작은 이야기들을 독자들과 나눌 수 있도록 새
로운 세상을 열어 주신 장영훈 사유와공감 대표님, 성준호 디자
이너님, 배소원 님에게도 이 자리를 빌려 고마움을 전한다.

나의 첫 영화 〈무지개 나라의 유산〉 마지막 에피소드의 주인공,
데이지 양 작가는 1904년 제물포항을 떠나 하와이에 온 조부모
를 두고 있다. 그녀가 쓴 책 〈금강산의 보라부인〉에는 이런 구절
이 나온다. 멀리 시집가는 딸에게 홀아비가 건네는 말이다.

"고통이 도무지 견딜 수 없는 거라면 네 어미에게 도움을 받아
라. 네 어미는 자신의 목숨을 버리면서까지 너를 낳았다. 어미의
사랑이 가슴속에 늘 있음을 명심해야 한다. 사랑이 모든 해악으
로부터 너를 보호할 것이니, 어미의 희생을 생각하며 힘을 내고
용기를 갖도록 해라."

우리가 받은 사랑을 상기하게 하는 책이기를 소망하며,
독자 여러분, 고맙습니다.
이진영

When I interviewed Haruki Murakami in Hawai'i a long time ago, I asked him, "What real impact can literature have in a world full of suffering?" He said, "A good story can change not just how people feel, but how they act. No matter where we're from, great stories connect us in ways that go beyond borders and conflicts."

Working on *Songs of Love from Hawai'i* over the past three and a half years, I've seen how true that is. What started as a personal journey became one that brought many people together. The stories of our ancestors helped build connections between us, even across time.

I'm especially grateful to Choi Tae-sung, Yea Jee Lee, and Kyong Eun Bang—the film and book wouldn't exist without them. Ignace Jang, Gary Pak, Ye, Su-Jeong, Chee-Yun, Keola Beamer, and Richard Yongjae O'Neill also played key roles. I owe thanks to Hwang

Jung Hyun from TOMM Creative Lab, cinematographer Pawel Nuckowski and, of course, my family for their support. I'd also like to thank Jang young hoon from SAYUWAGONGGAM, designer Sung jun ho and Becca Bae for their help in bringing this project together.

Finally, in Daisy Yang's book *Madam Bora of Geumgang Mountain*, a father tells his daughter,

"If your misery becomes too intolerable, invoke your mother's help. She sacrificed her life to save yours. Remember always that her love lives in your heart. It will shield you against all harm. Find your strength and courage from your mother's self-sacrifice."

I hope this book serves as a reminder of the love that carries us through.

Jinyoung Lee

제작 및 도움을 주신 분들 | With Gratitude to Those Who Helped

Written, Produced, and Directed by		Jinyoung Lee
Music Performed by		Ignace Jang & Christine Suehisa Jang | Part 1
		Richard Yongjae O'Neill & Jonathan Korth | Part 2
		Keola Beamer & Chee-Yun & Ignace Jang | Part 3
	Composers	Michael-Thomas Foumai, Keola Beamer, Jee Hwan Kim, Junggun Kim
	Music Consultant	Ignace Jang
	Part 2 Story by	Gary Pak
	Translation by	Jingyoung Lee
	Adaptation by	Ye Su-Jeong
	Narrated by	Gary Pak, Ye Su-Jeong
	Animation by	Niri Studio Hunil Nam, Dasol Kim
	Cast	Lim,Ok Soon | Ye Su-Jeong, Gary Pak, Ellie | Ellie Nhealani, Chung Hee Brede
	Director of Photography	Pawel Nuckowski, Matt Yamashita
	Videographer	Lucas Bonetti,Mario Evans
	Drone Operator	Powel Nuckowski
	Editor	Pawel Nuckowski, Matt Yamashita, 송지환, 임도연
	Recording Engineer	Pierre Grill
	Production Assistant	Hunter Proctor, Stephen Cho, Emman Susas, Beck Hong
	Photographer	Dukhyun Kim 김덕현
	Legal Advisor	심재훈, 법무법인 해명, Jae Woo Park, David Suh
	Historical Advisor	최태성, Anwei Skinsnes La, Hery G, Law, 이덕희
	English Editor	Sekon Won
	Proofreader	Choi Gui Yeol
	Subtitle Assistant	Hyunwoo Kim, Loha Won, Lana Won
Post Production		
SOLE Pictures | Part 1		
	Sound Design	Doyeon Lim
	Computer Graphics	Dongsoo Kim
StudioClon | Part 2 & 3		
	Executive Director	Gyeong Seop Hwang
	Computer Graphics	Seunghan Choi, Danbi Lee
	Mastering Engineer	Tae Ho Kim
	Music Editor	Beom Seok Ko
	Foley Editor	Ha Yeon Kim
	Digital Intermediat	Gwangwoon Lee
	3D Digital Art	INDIVIDUAL
Music performed in the film 연주곡		
Part 1		Song of Hope 희망가, When the Spring Comes 봄이 오면, Evergreen Tree 상록수
Part 2		Danny Boy 대니 보이 , Thinking of my Brother 오빠 생각, Amazing Arirang 어메이징 아리랑
Part 3		Going Home Where the Clouds Float Away 저 구름 따라 집으로, Aloha 'Oe 알로하 오에
Distribution		CGV ICECON, Hyung Min Kwon, Danbi Yoon
Global Distribution		NOW Production Films
Director of Development		Clara Bang
Development Associate		Becca Bae 배소원
PR & Marketing		Nalgae Entertainment 날개, Oh Seung Hyun, Kang Ha Na, Kim Seon Yeong, Tenny Kim
		Aloha Entertainment 알로하, Choi Jeong Bin, Park Da Eun
Trailer Production		TOMM, Hwang Jung Hyun, Seo Byung Hwan, Kang Jin Kyung
		Kim Ha Na, Han Jin Byeol
Poster Design		NAMUDESIGN 나무디자인, Song Eunmi, Leem Jeonghye
Crowdfunding		Contentsfit Inc. 콘텐츠핏 박영미
Website Design		Moon Hyeon 문현, Jang Su Yeon
Digital Music Distribution		MUSIC & NEW

Archival research 자료 조사	Michelle Goodin, Jinyoung Lee
Archival Materials 출처	Anwei Skinsnes Law's collection, Bishop Museum, Center for Korean Studies at the University of Hawai'i at Mānoa, Congregation of the Sacred Hearts of Jesus and Mary, Elsa Lee, Gary Pak, Getty Images, Hawai'i Plantation Village, Hawai'i State Archives, Honolulu Star-Advertiser, IDEA Archives, Incheon Ilbo, Jocelyn Hong, Kalaupapa National Historical Park, Korea Times, Korean Air News, Korean American Foundation Hawai'i, Library of Congress, National Park Service, Historic American Buildings Survey, Portuguese Museum, Republic of Korea Navy, Ronald Moon, Sacred Hearts US Province Archives, Saint Marianne Cope Archives, Star Advertiser, Steve Grayson, SSCC US Province Archives, University of Hawai'i Library, USC Libraries Korean Heritage Library, Wayne Levin, ⟨Their Footsteps⟩, ⟨The Koreans in Hawai'i⟩ by Roberta Chang with Wayne Patterson, ⟨Kalaupapa A Collective Memory⟩ by Anwei Skinsnes Law, ⟨Ili Nā Ho'omana'o o Kalaupapa⟩ by Anwei Skinsnes Law, Valerie Monson, ⟨An Archive of Skin, An Archive of Kin⟩ by Adria L. Imada, ⟨Kalaupapa is Us⟩ by Charles Langlas Ka'ohulani McGuire, Sonia Juvik, ⟨Hawai'i Immigration 100 Years: How Did They Live?⟩ by Dukhee Lee Murabayashi

Music used in the film				
	The Water is Wide	Sumi Jo	Reverse the River	Philip Daniel
	October	ANBR	Roses in the Garden	Jean-Miles Carter
	Discovering New Lands	Kyle Preston	Anarch Angel	Andrea Tonoli
	Spearfisher	Infinity Cycle	My One Safe Haven	Will Van De Crommert
	Preservation	Doug Kaufman	Yael Kareth	The Swan Saint-Saëns
	Morning Light, Better Now	Jonas Kolberg	Quiet	Eleven Tales

| Film Location 장소 협조 | Pu'uiki Cemetery, Hawai'i State Capitol, Kualoa Ranch, Kuli'ou'ou Beach Park, Ho'omaluhia Botanical Garden, Nu'uanu Memorial Park, Kalaupapa National Historical Park, The Royal Hawaiian, a Luxury Collection Resort, Waikīkī |

| The producers wish to sincerely thank 제작에 도움 주신 분들 | Michelle Goodin, Ignace Jang, Gary Pak, Taeyong Kim, Min-Gi Kim | 김민기 작곡가, Hong Seok-in | 홍석인 대사, Soonkun Oh | 오순근 무관, Jieun Park 박지은 참사관, Anwei Skinsnes Law, Matt Yamashita, Miki'ala K. Pescaia, PBS Hawai'i | Chuck Parker, '탐' | 황정현 대표 및 임직원, 날개 엔터테인먼트 | 오승현 대표 및 임직원, 스튜디오 클론 | 황경섭 대표 및 임직원, 배우 예수정 매니지먼트 | 와이원 엔터테인먼트 김영일 대표, 김명현 매니저, 성악가 조수미 매니지먼트 | SMI 엔터테인먼트 조영준 대표, 대한민국 해군 | Republic of Korea Navy, 하와이대학교 한국학센터 | 백태웅 소장, Hae In Lee Holden, 주 호놀룰루 대한민국 총영사관 | 하와이대학교 한국학센터 | Consulate General of the Republic of Korea in Honolulu, 하와이대학교 음악대학 | The University of Hawai'i at Mānoa Music Department , Hawai'i International Film Festival | Anderson Le, Beckie Stocchetti, (In alphabetical order) Akiko Slayton, Amanda Chang, Christine Suehisa-Jang , Francis Park, George "Keoki" Pescaia, Jenna Tokie Brede, Jocelyn Hong, Hon Graphics, Ka 'Ohana O Kalaupapa, Katie Matthew, Kayo Whitty, Koream Times Hawai'i, Melissa Shimonishi, Merle Kiyo Pak, Pu'uiki Cemetery | Rose Woods, Mike Miura, Queenie Huang, Sister Alicia Damien, Valerie Monson, Wayne Levin, William Watson, Tae-Sung Choi, Sumi Jo, Young Joon Jo, Gary Pak, Robert Ahn, Council of Korean Americans, Jim H. Lee, Jae Woo Park, Bob and Helen Ahn, Susie Oh Abraham Kim, Big Star Institute, Cha Smith, Chil Kong, Christine Ho Kelleher, Dane Lam, Diana Kim, Eun Sil Kim, Hye-Ryon Lee, Harry Kim, James Hong, Jean Lee, Jean Young Lee, Lina Park, Linda Butcher, Michael Chun, Michael Kim, Sarah Fang, Sean Morris, Segey Kochergan, Seunghyun Lee, Susan Park, Tim Vendettit, Young Tae Kim, Yunsim Suehisa
(가나다 순) 강성철, 강숙희, 김지환, 김상열, 김성곤, 김윤수, 김현정, 남유선, 박진관, 박혜연, 박혜화, 봉화식, 백재호, 이상화, 이재영, 이진영, 이상석, 유정희, 오현경, 유순화, 유선화, 유영은, 왕길한, 원용석, 이상준, 이상현, 이재협, 이윤진, 이주명, 이현미, 유동현, 유은혜, 유정희, 이훈, 조영호, 조민수, 주수연, 차인표, 차중성, 천윤심, 최우성, 최원정, 최정지, 한승희 |

하와이 연가

SONGS OF LOVE
FROM HAWAI'I

발행일 | 2024년 11월 1일 초판 1쇄
지은이 | 이진영
펴낸이 | 장영훈
펴낸곳 | (주)이츠북스
편집 | 고은경, 박새영
마케팅 | 남선희, 김영경
디자인 | 디자인글앤그림

출판등록 | 2015년 4월 2일 제2021-000111호
주소 | 서울특별시 강서구 화곡로 416, 1715~1720호
대표전화 | 02-6951-4603
팩스 | 02-3143-2743
이메일 | 4un0-pub@naver.com

홈페이지 | www.4un0-pub.co.kr
SNS 주소 | 페이스북 www.facebook.com/saungonggam
　　　　　　인스타그램 www.instagram.com/saungonggam_pub
　　　　　　블로그 blog.naver.com/4un0-pub

ISBN 979-11-988388-5-8 (03680)

사유와공감은 (주)이츠북스의 출판 브랜드입니다.

사유와공감은 독자 여러분의 책에 관한 아이디어와 원고 투고를 기쁜 마음으로 기다리고 있습니다. 책 출간 아이디어가 있으신 분은 이메일 **4un0-pub@naver.com** 또는 사유와공감 홈페이지 '작품 투고'란으로 간단한 개요와 취지, 연락처 등을 보내 주세요. 여러분을 언제나 응원합니다. ☺